CRECE

PROFIT
editorial

Profit Editorial, sello editorial de referencia en libros de empresa y management. Con más de 400 títulos en catálogo, ofrece respuestas y soluciones en las temáticas:

- Management, liderazgo y emprendeduría.
- Contabilidad, control y finanzas.
- Bolsa y mercados.
- Recursos humanos, formación y coaching.
- Marketing y ventas.
- Comunicación, relaciones públicas y habilidades directivas.
- Producción y operaciones.

E-books:
Todos los títulos disponibles en formato digital están en todas las plataformas del mundo de distribución de e-books.

Manténgase informado:
Únase al grupo de personas interesadas en recibir, de forma totalmente gratuita, información periódica, newsletters de nuestras publicaciones y novedades a través del QR:

Dónde seguirnos:

  @profiteditorial

   Profit Editorial

Ejemplares de evaluación:
Nuestros títulos están disponibles para su evaluación por parte de docentes. Aceptamos solicitudes de evaluación de cualquier docente, siempre que esté registrado en nuestra base de datos como tal y con actividad docente regular. Usted puede registrarse como docente a través del QR:

Nuestro servicio de atención al cliente:
Teléfono: **+34 934 109 793**
E-mail: **info@profiteditorial.com**

JAVIER GONZÁLEZ DE HERRERA

CRECE

Desbloquea y desarrolla tu potencial profesional

Todas las publicaciones de Profit están disponibles para realizar ediciones personalizadas por parte de empresas e instituciones en condiciones especiales.

Para más información, por favor, contactar con: info@profiteditorial.com

© Javier González de Herrera, 2025
© Profit Editorial I., S.L., 2025

Diseño de cubierta: XicArt
Maquetación: Fotocomposición gama, sl

ISBN: 978-84-10235-88-5
Depósito legal: B 4981-2025
Primera edición: Junio de 2025

Impresión: Gráficas Rey

Impreso en España / Printed in Spain

A Susana
Origen, camino y destino
La razón de todo

ÍNDICE

PREFACIO

CRECE es el reflejo escrito de un proyecto vital. Tras más de veinte años de recorrido profesional acompañando a personas, equipos y organizaciones en apasionantes procesos de transformación, en 2016, sentimos la necesidad de crear un programa de desarrollo del liderazgo que denominamos CRECE.

En él, un pequeño número de personas —nunca más de ocho, a veces de la misma organización, a veces de entidades diferentes—, se embarcan en un viaje de reflexión, acción y autodesarrollo, orientado a expandir el potencial que a veces ocultamos bajo capas de conformidad, creencias limitantes, desconocimiento e invulnerabilidad.

No es un programa de formación, no son sesiones de *coaching*, no es mentoría personalizada... es un poco mezcla de todo ello. El programa se desarrolla habitualmente entre cuatro y seis meses, según circunstancias. No puede ejecutarse en sesiones continuadas, porque implica lo que en inglés se denomina *learning by doing*. Es imprescindible aplicar en el «fuego real» las indicaciones, sugerencias y enfoques que se proponen en las sesiones. Cada sesión comienza con los aprendizajes, reflexiones, inquietudes... derivadas de lo que ha ocurrido al poner en práctica lo tratado en la sesión anterior.

Por lo tanto, CRECE no puede sustentarse en el guion estricto de un programa formativo. Pero, al mismo tiempo, sí hay un esquema general que se sustenta en cuestiones concretas por las que hay que transitar. Y, todo, con un denominador común: fortalecer la capacidad de inspirar de quien lo desarrolla. O, dicho de otra manera, potenciar su liderazgo.

Es tan complejo explicar lo que ocurre en un programa de autodesarrollo como el que propone CRECE, que alguien me dijo en una ocasión: «Esto no se vende, hay que comprarlo; y solo puede ser desde la fe». Entendiendo la fe como la certeza de que algo es posible sin verlo ni tocarlo, me parece una definición perfecta. Solo se debe seguir el programa CRECE si se está convencido de tres cosas:

- La primera: somos dueños de nuestro destino y, por lo tanto, responsables del mismo. Pon las excusas que quieras, pero, cuando te acuestas con tu almohada, esa no te engaña nunca.
- La segunda: nuestra mochila está repleta de valores, creencias, experiencias y aprendizajes que debemos potenciar y consolidar. Al mismo tiempo, también cargamos con otros elementos que, en lugar de impulsarnos, hoy nos limitan. Expresado de otra manera, todas las personas tenemos un amplio potencial de mejora.
- La tercera: caminar solos en el peregrinaje de la transformación, por más empeño que pongamos en ella, la hace terriblemente más difícil. Permitirnos ser acompañados, y elegir quién lo hace es un factor muy determinante en la vida.

Estoy firmemente convencido de que es importante dejarse acompañar, aunque todos tengamos lógicas cautelas iniciales. Pero que ese acompañamiento sea impuesto, que no exista una mínima voluntad inicial por quien va a vivir el proceso, ya lo haría mucho más complejo.

Por eso nunca permito que alguien inicie un CRECE si no declara que «quiere» hacerlo, y no que «tiene que» hacerlo. Además, en cada uno de estos programas, en cada uno de mis acompañamientos, dejo una parte de mí. La dedicación a cada persona supone tiempo y atención exclusiva que deja de estar en otro sitio. Cuido mucho de que merezca la pena.

¿Qué va a encontrar quien lea este libro? La respuesta a una sugerencia que una persona realmente inspiradora me regaló hace ya algún tiempo: «Algún día deberías contar, de alguna manera, parte de lo que aquí ocurre. Puedes hacer mucho bien». Siempre me he resistido a pensar que yo pueda aportar algo nuevo o diferente. Con todo lo que ya se ha escrito en el terreno de la transformación, la psicología, el liderazgo... ¿Qué puedo añadir que aporte valor?

Sí, es una de mis creencias limitantes.

Hasta hoy. Si llevo años recibiendo un *feedback* continuo y casi diario sobre lo que he podido aportar en una conversación, un acompañamiento, un CRECE, una formación... será porque hay recursos y herramientas que pongo a disposición que de verdad funcionan, y lo hacen, probablemente, por dos motivos: por un lado, por lo que suponen en el fondo, y, por otro, por cómo llegan en la forma.

«El fondo» ya existía. Por supuesto, tanto la base teórica como la científica sobre las que se desarrolla el CRECE (y, por lo tanto, este libro) son regalos de expertos que saben mucho más que yo. La luz que te aporten es un regalo suyo. Si algo, sin embargo, te confunde o es manifiestamente erróneo, se debe a mi torpeza en el traslado de la idea.

En lo relativo a «la forma» sí puedo considerarla como mi aportación. Este libro recorre los ejes y algunos de los principales mensajes en los que se desarrolla el programa CRECE, ejemplificados en el acompañamiento a una persona ficticia, el reflejo de decenas de almas muy reales. Personas que me han regalado el privilegio de sentirse en confianza para abrirme esa parte de su identidad que ocultaban, incluso a ellos mismos.

Por lo tanto, este libro tiene innumerables autores. Yo solo soy el mosaiquista que une las teselas que configuran este mosaico. A lo mejor, una de ellas te sirve, te ayuda a reflexionar, y quién sabe si incluso a actuar.

El físico alemán y ganador del Nobel Werner Heisenberg formuló a finales de los años veinte del siglo pasado el principio de incertidumbre.[1] La idea esencial está relacionada con el hecho de que nada se puede predecir con exactitud. Nada está escrito. La realidad está relacionada con una variable inevitable de indeterminación. Incluso el observador, por el hecho de ocupar esa posición, influye en la realidad que está observando. Introduce una nueva variable que puede condicionar el resultado.

Este observador te ofrece algunas de las cosas que ha visto, y sobre las que ha intervenido, que a otros parece que sirvieron. Por si también te

---

1. Extraído de Heisenberg, W. (1991). *La imagen de la naturaleza en la física actual*. Ed. Península.

sirven a ti, imagina qué alegría que sea así. Que algo te pueda ayudar a ser un poco diferente, a actuar de manera distinta, a conseguir algo nuevo.

Conocernos así sería un buen principio.

Principio de incertidumbre.

LA PRIMERA CITA

Dockland's es una taberna irlandesa ubicada en el puerto deportivo de Mazagón, donde puedes desayunar unas fantásticas tostadas de queso, aceite y tomate. De entrada, es una descripción extraña ¿verdad? Una taberna irlandesa que hace esas tostadas. ¿Y en Mazagón hay puerto deportivo? Pero ahí radica el verdadero encanto de este lugar. Nada encaja. A alguien se le ocurrió abrir una taberna irlandesa como único bar de un puerto deportivo casi fantasma, que cuenta con muy pocos locales comerciales y casi todos están cerrados, que apenas tiene barcos más allá de pequeñas embarcaciones modestas de recreo, y donde hay un enorme aparcamiento a disposición de los tres o cuatro coches que, en el mejor de los casos, pueden estar estacionados al mismo tiempo.

Es la cuarta o quinta vez que Javier queda allí con un cliente. Es su lugar predilecto en Huelva, porque reúne las condiciones perfectas para que una primera conversación exploratoria, antes de iniciar un proceso de acompañamiento, se lleve a cabo de la manera adecuada. Si se orientan las sillas de la mesa de la esquina de la terraza, siempre disponible, puede generarse una conversación sin interrupciones, que tiene como escenario un baile de barcos dormidos, meciéndose con suavidad al arrullo del graznar de algunas gaviotas que sobrevuelan el lugar de vez en cuando.

En esta ocasión, ha quedado con Santiago Medina, al que va a conocer por mediación de Miguel Ruiz, uno de sus más queridos y admirados clientes. Miguel es un tipo capaz, a sus setenta y un años, de seguir abriendo su pequeña libreta de notas, y volver a pedirle que repita esa frase que Javier acaba de decir casi sin darse cuenta:

—Un momento, repite por favor, ¿Cómo es esa frase?

—¿Cuál? ¡Ah espera! ¿La que acabo de decirte que atribuyen a Bill Gates? Pues dice algo así como: «Lo mejor que he hecho en mi vida es rodearme de gente mejor que yo».

—Estupendo, amigo. Me la anoto. ¡¡Gracias!!

La grandeza de Miguel no está solo en querer seguir aprendiendo a través de su permanente curiosidad; está también en tratar de aplicar lo aprendido, por ese impulso innato que le lleva a tratar de aplicar cualquier aprendizaje, por pequeño que sea.

Esa frase nunca durmió el sueño de los justos. Apenas tardó unos pocos minutos en trasladarse del papel a la siguiente conversación, donde sentía que podía aportar valor: «Mi querido José Luis —le dijo a un veterano colaborador que ocupaba un puesto de responsable de producción en una de sus fábricas—, sé que a veces no te gusta que te cambien el paso, pero escucha las ideas de tu equipo, que a lo mejor algunas de ellas os mejoran la vida. Esto ya no va de que tú pienses para que ellos ejecuten, mejor pensáis todos y ejecutáis todos. Recuerda que lo mejor que puedes hacer en tu vida es rodearte de gente mejor que tú».

Javier no podía —ni quería— negarse a conocer un contacto referenciado por Miguel. Además, con la información de contexto que había recopilado sobre él, ya había despertado su interés. Al parecer, Santiago —«llámale Santi, se siente más cómodo»— se había visto obligado a asumir la posición de CEO por un susto de salud de su madre, Luisa, todo un carácter y buena amiga de Miguel, que ostentaba hasta la fecha el cargo, a su vez como sucesora del proyecto que fundó don Antonio Medina hace ya algo más de cincuenta años.

Se trataba, por tanto, de una tercera generación, que debía asumir el puesto antes de lo esperado y de lo proyectado. Porque a Santi se le había diseñado un plan de carrera, que le permitiría pasar por diversas posiciones y conocer así la empresa desde sus entrañas y a las personas clave en el día a día de su labor. Al mismo tiempo, por supuesto, de ir adquiriendo el *expertise* y los conocimientos necesarios, se llevaría una buena dosis de «material de comunicación informal» sobre cómo funcionaba la organización más allá de las estructuras formales.

En concreto, el plan dibujaba un recorrido que le haría tener presencia en espacios funcionales tan dispares como diferentes puestos de producción, compras, *marketing* y recursos humanos, y al mismo tiempo participando, más como oyente que otra cosa, en el comité de dirección de la compañía.

Sin embargo, el plan se había interrumpido. «De susto nada. Lo de Luisa ha sido serio», le dijo Miguel. Un infarto de miocardio no es ninguna broma. Ya se lo había advertido su entorno más cercano en más de una ocasión. Pero nadie escarmienta en cabeza ajena.

Para que Javier comprendiera mejor el perfil de Luisa, Miguel decidió compartir con él algunas de sus conversaciones con ella. Recordó, en particular, un discurso que había preparado cuando le entregaron un reconocimiento. En aquel homenaje, resumió en dos palabras la esencia de su amiga: «exigencia y ambición». «Y ambas palabras, mi querida Luisa, pueden ser entendidas como impulsores, pero a veces también son limitantes. Vivir sí que es un asunto urgente. Cuídate».

Pero nada. No había manera. Luisa era, sin lugar a dudas, la personificación de la exigencia. Su búsqueda constante de la perfección, su inconformismo crónico con los resultados, la necesidad de controlar de cerca cada detalle —aunque fingiera delegar— y su tendencia a señalar primero lo que faltaba en lugar de lo que se había logrado, eran rasgos que cualquier persona a su alrededor reconocía sin esfuerzo.

Claro que todo esto, combinado con su empeño en hacer crecer el negocio, había dado frutos: facturación en ascenso, beneficios al alza, más empleados, mayor cuota de mercado... Pero, al mismo tiempo, quienes la rodeaban sentían que Luisa nunca disfrutaba de nada. Siempre faltaba algo, siempre se podía haber hecho un poco más, siempre se podía hacer mejor.

En una de esas conversaciones que ella calificaba como «tan entretenidas y enriquecedoras», Miguel, con su estilo habitual, le lanzó una pregunta directa:

—Venga, Luisa, dime... ¿Cómo te definirías? ¿Exigente o excelente? O mejor aún, ¿vives en la exigencia o en la excelencia?

No tardó ni cinco segundos en responder:

—¡En las dos! ¡Mira cómo vamos, como un tiro! Y además, nos han dado un premio de la Junta a la excelencia no hace mucho.

Miguel sonrió. Aquella respuesta era, sin duda, *made in* Luisa.

—Pues mira, mi querida amiga, te voy a regalar una distinción entre ambas palabras que he aprendido hace poco. A mí esto de distinguir me ayuda mucho, porque me permite elegir mejor. Te pondré un ejemplo para que entiendas a qué me refiero:

»Sé que hay setas venenosas y otras que no lo son. Pero no sabría distinguirlas a simple vista en el campo. Sin embargo, tengo un amigo que, con un simple vistazo, las diferencia sin dudar. Y, como él sí sabe distinguir, elige mejor. ¿Ves? Eso es una distinción.[2] Ahí es donde está el verdadero conocimiento.

»No es lo mismo tener información que conocimiento. Este último me permite elegir. Y por eso quiero mostrarte la diferencia entre la exigencia y la excelencia, porque, honestamente, creo que vivir en un lugar o en otro no es, en absoluto, lo mismo. De hecho, te diría que son casi conceptos opuestos.

En ese momento, Miguel abrió su libreta, se esmeró en hacer dos dibujos, y trazó una línea vertical debajo del mismo, justo en el centro, mostrando dos columnas. En la primera, escribió la palabra EXIGENCIA. En la otra, EXCELENCIA.

Añadió un dibujo. Y, debajo de las columnas, comenzó a escribir:

2. Sobre el concepto de distinción: Flores, F. (1999). *La transformación del pensamiento en las organizaciones: El lenguaje y la ontología de las posibilidades.* Ed. McGraw-Hill.

Busca perfección
Error = Fracaso
Control
Desconfianza
Imprescindibilidad
Tensión y reproches
Dar *feedback* de mejora
Somos lo que hacemos

Busca mejora
Error = Oportunidad
Permitir hacer
Confianza
Buscar ser prescindible
Celebrar los éxitos
Dar *feedback* de lo logrado
Lo hacemos hoy es solo
una parte de lo que
vamos a llegar a ser

—Solo con mirar esto, creo que te haces una idea de por dónde voy. Cuando vivimos en la exigencia, buscamos la perfección. Y, como la perfección no existe, las personas exigentes —consigo mismas y con los demás— ponen el foco en lo que falta, en lo no logrado.

»Ya sabes que me encanta ponerte ejemplos, así que ahí va uno: una de mis hijas llegó un día a casa llorando porque había sacado un 8,5 sobre 10 en un examen. ¿Qué te parece? En mi opinión, una niña de doce años no debería llorar por una nota así. Pero en ese momento me di cuenta de algo: sin querer, estaba criando a mis hijos dentro de la exigencia. O mejor dicho, la forma en que yo vivía la exigencia la estaba afectando a ella.

Lloraba porque solo veía lo que le faltaba, lo que restaba. No se permitía estar mínimamente satisfecha, y no digamos contenta, por todo lo que había hecho maravillosamente bien: su responsabilidad, su esfuerzo, todas las respuestas correctas... Aquello me hizo pensar mucho, pero no sabía cómo explicarlo. Ahora, esta distinción me ha ayudado a entenderlo mucho mejor.

—Pero Miguel —respondió incómoda Luisa—, ¿eso quiere decir que nos tenemos que conformar con el resultado que obtengamos? ¿De qué va esto?... ¿de crear una sociedad de mediocres?

—En absoluto —objetó firmemente Miguel—. La diferencia no está en la intención de qué quiero lograr, siempre debe ser el máximo posible. La diferencia está en cómo vivo el camino y cómo lo hago vivir. Puede ser una senda repleta de reproches del tipo «podías haber dado más y haberlo hecho mejor», o de dedicar parte del tiempo a reconocer los éxitos, celebrarlos y aprovechar la conversación para encontrar, también, áreas de mejora, por supuesto. El aprendizaje forma parte de la excelencia, pero solo vamos a tener apertura para identificarlo si nuestra emoción es positiva. ¿Lo pillas?

—Pues no del todo, francamente. Necesito darle alguna vuelta más. Yo creo que a mi exigencia le tengo que dar las gracias por haberme hecho ser quien soy.

—Claro que sí, y yo también. Y, al mismo tiempo, voy a aprender un poco de esa cara oculta que también tiene la exigencia. No porque algo tenga cosas buenas vamos a dejar de mirar que también tiene su parte que necesita revisión, ¿no te parece?

—Lo que me parece es que el café siempre se me enfría cuando estoy contigo, amigo. ¡Camarero, por favor!

Así actuaba Luisa. Cuando algo la incomodaba, cortaba por lo sano. Pero Miguel también sabía que algo sembraba en su amiga a través de esas conversaciones. Que iría rumiando aquello. Y, quizás, que algo podría cambiar en su manera de ser.

Sin embargo, Luisa no acababa de dar el salto entre tomar conciencia y pasar a la acción, y su estilo de vida seguía inalterable. Con toda probabilidad por eso, los continuos avisos médicos sobre su tensión alta y la necesidad de encontrar un poco más de equilibrio y descanso quedaban en meras palabras. Primero sonaban lejanas, luego se desvanecían en el olvido apenas salía de la consulta. Bastaba con arrancar el coche y alejarse para que la rutina volviera a imponerse... Hasta que el aviso se convirtió en realidad.

La exigencia había ganado el partido. Y esta vez, Luisa debía parar. De inmediato. Por prescripción médica.

Miguel, poco partidario del «ya te lo dije», se centró en acompañar a su amiga en la decisión de cómo preparar la sucesión. Y Luisa, aunque a regañadientes, se dejó aconsejar. Sabía, en el fondo, que si hubiera escuchado antes... Pero eso nunca lo admitiría.

Sin embargo, en más de una ocasión, sola en su habitación y asustada por lo ocurrido, entre lágrimas y con el temor de faltarle a su hijo antes de lo previsto, decidió que, por una vez, iba a dejarse guiar.

¿QUIÉN ERES? ¿QUIÉN QUIERES SER?

Javier no tuvo que esperar apenas. Tenía la costumbre de llegar, siempre que fuera posible, con unos minutos de adelanto a cualquier cita. Entre otras cosas, para ser él quien recibiera, una cuestión que le hacía sentirse un poco más cómodo que si era él quien era recibido por la otra persona. En esta ocasión, Santi llegó incluso cinco minutos antes de la hora convenida. Así que, recién sentado a la mesa predilecta, Javier pudo observarle mientras se acercaba.

Santi era delgado, de piel blanquecina y estatura media, debía estar rozando el metro ochenta. Se le notaba cierta coquetería: pelo bien cortado, mocasines Hogan, pantalón chino, camisa inconfundible de Scalpers por fuera del pantalón... mientras se acercaba a la mesa, fue mostrando una sonrisa tímida y formal al ver a Javier, pues intuía que debía ser él; entre otras cosas, porque en toda la terraza no había nadie más.

Javier se levantó, y se saludaron con un fuerte apretón de manos, que Javier acompañó tocándole el hombro a su potencial cliente, pues de esa manera trataba de acortar en lo posible la distancia protocolaria inicial.

—¿Qué tal?

Era la pregunta estándar. Javier llevaba años comenzando siempre con este sencillo interrogante, en apariencia inocuo, pero que en ocasiones había tenido respuestas del destinatario que ya le proporcionaban una buena dosis de información importante inicial.

En esta ocasión, Santi optó por seguir el protocolo:

—Muy bien. Encantado de conocerte, Miguel me ha hablado mucho de ti.

Era una respuesta del tipo «me cuesta romper el hielo», que Javier recibió con una amplia sonrisa y mucha naturalidad. Ahora se trataba de lograr que, desde el primer momento, se fueran dando pasos hacia la cercanía personal y que se abriera la puerta de la confianza.

Javier aprovechó que Santi nombrara a Miguel para empezar por ahí, alabando al veterano empresario, y destacando que, aunque hubiera sido su *coach* en el pasado, no sabía si en realidad había podido ayudarle en algún momento. De lo que sí estaba seguro era de la cantidad de cosas que había aprendido él de Miguel, prácticamente en cada encuentro.

Poco después, Javier aprovechó para presentarse desde una perspectiva más personal. Marido de Susana, padre de cuatro hijos en una casa en la que era imposible aburrirse, aficionado y aún jugador *amateur* en activo de baloncesto... Santi conectó con esto último, ya que también jugaba con asiduidad. Primera conexión encontrada. De hecho, Santi se recostó un poco más en su silla. Hasta ese momento, su lenguaje corporal se mostraba amable pero hierático. Ahora, parecía que había bajado un poco el *soufflé* de la formalidad. «Por fin», pensó Javier, al verlo reclinarse en la silla.

Hablaron un poco más de aparentes trivialidades, hasta que Javier consideró que ya era el momento de abordar el motivo del encuentro.

—¿Y qué hacemos aquí, Santi?

—Bueno, pues supongo que ya tiene bastante información.

—Alguna tengo, pero como si no supiera nada. Prefiero escucharte a ti y que me cuentes todo lo que consideres. Y si no te importa, incluso tomaré notas que me ayuden a registrar «info», conectar cosas... en resumidas cuentas, anotar me ayuda a pensar.

Sin esperar la respuesta de Santi, sacó de su mochila un bolígrafo azul y la libreta Oxford que siempre le acompañaba, la abrió, y la apoyó sobre la mesa.

Santi se dio cuenta de que no sabía por dónde empezar. Él había ido a la reunión por encargo, y pensaba que, más que a hablar, iba a escuchar. La situación lo incomodó un poco. Pero, ante el silencio, y la mirada atenta y amable de Javier, se sintió obligado a hablar. Así que comenzó su relato.

Sin proponérselo, lo centró casi en su totalidad en su madre. Habló de su fuerte personalidad, de la admiración que le suscitaba esa mujer dominante y segura, que había llevado las riendas de la empresa con mano firme hasta cotas inimaginables, y cómo de repente todo tomó un giro inesperado con el «susto de salud» que acababa de sufrir. Y cómo se había precipitado todo a partir de ese momento. La resistencia inicial de su progenitora, que a regañadientes tuvo que someterse al criterio médico del descanso obligatorio; el papel de Miguel para que aceptara su nueva realidad, y cómo todo había desembocado en que, ahora, «parece que tengo que asumir yo, antes de lo previsto, el cargo de director en la empresa».

—¿Antes de lo previsto? —preguntó Javier.

—Efectivamente. Yo ya llevo ocho años en la organización. Recién finalizada la carrera, Ciencias Químicas, me incorporé a la empresa. Mi madre había encargado el diseño de un itinerario para que pasara por diferentes puestos: producción —donde disfruté mucho—, compras, *marketing*, recursos humanos... este año estoy terminando el MBA en el que me habían matriculado, donde la verdad estoy aprendiendo mucho, y lo que tocaba ahora era acceder a un nuevo puesto que se había creado para mí, director de estrategia, que incluía mi presencia paulatina en el comité de dirección. Pero, claro, me parece que esta parte ahora me la tengo que saltar porque tengo que ocupar el puesto de mi madre.

Mientras Santi hablaba, observó que Javier anotaba en la libreta una breve frase: «Tengo que x3. ¿Obligación o compromiso?». Y no pudo resistirse a preguntar:

—¿Puedo preguntarte por eso que has anotado? —dijo señalando la frase en cuestión.

—Por supuesto —contestó enseguida Javier—. Puedes preguntarme siempre lo que quieras. Me ha llamado la atención la cantidad de «tengo que» que has empleado mientras me hablabas. Simplemente lo anotaba porque me pregunto hasta qué punto «tienes» que asumir el cargo, lo que desde luego me huele a que te sientes obligado, y hasta qué punto «quieres» asumir esta responsabilidad, lo que me indicaría, más que obligación, que recibes el reto desde el compromiso. Yo creo que la obligación es una imposición externa, y el compromiso nace más de un convencimiento interior, de que quiero algo, y como lo quiero, debo hacer cosas que son necesarias, incluso aunque no me resulten atractivas, no me apetezcan, etc., pero que las asumo desde ese compromiso. No sé si me explico.

Santi se quedó pensando unos segundos, mirando la libreta, casi evitando la mirada de Javier. Más allá de cómo se hubiera explicado Javier, tenía la respuesta clarísima.

—Javier, no puedo fallar ni a mi madre ni a mi apellido —espetó.

—Me parece perfecto Santi. Querer fallar a una madre es algo que ningún ser humano en su sano juicio quiere hacer. Solo faltaba, ¿verdad? Y, al mismo tiempo, creo que captas la idea de esta anotación. Asumir el rol que te están ofreciendo, y, como acabas de oír, he hablado de ofrecer, puede aceptarse y desarrollarse desde varias posiciones de partida diferente, y creo que no es lo mismo hacerlo desde la obligación que desde el compromiso.

Santi nunca se había parado a pensar en nada de eso. Simplemente, su madre le indicaba el camino a seguir y él lo seguía, sin más. Claro que tenía sus propias ideas, gustos, y era del todo consciente de lo que disfrutó los meses de trabajo donde desempeñó funciones técnicas en el departamento de producción. Pero de ahí a que quisiera plantearse que pudiese tener opciones de elección... existía todo un mundo.

Finalmente, levantó la mirada, y con voz serena y pausada, le dijo a Javier:

—Desde luego, te diría que ahora mismo asumo todo esto desde la obligación, no tengo duda. Y no me gustaría que esto lo escuchara nadie más. Pero, si tengo que ser sincero... perdón, si quiero ser sincero, te diré que hoy día lo asumo desde la obligación, y que ojalá poco a poco lo vaya viviendo desde el compromiso.

Javier abrió las manos, y le devolvió una sonrisa agradecida.

—Pues te agradezco enormemente esa sinceridad, Santi. Primero contigo mismo. Y, por supuesto, también que seas tan generoso conmigo, que acabamos de conocernos. La sinceridad es un ingrediente clave para que esto funcione. Parece que incluso empezamos a atisbar un primer reto muy tuyo, muy personal. En cualquier proceso de acompañamiento suelen aparecer uno o dos retos profesionales. Y, al mismo tiempo, a mí lo que en realidad me apasiona es saber cuáles son los retos personales que tiene quien acompaño, más allá de los meramente corporativos. De hecho, creo que es lo que más merece la pena de todo esto, que seas capaz de crecer como persona mientras estás en el camino de lograr el reto profesional.

»Es más, y ya que estamos. ¿Qué te parece si hacemos el ejercicio de definir para qué estamos hoy aquí? Empecemos por lo fácil: en el aspecto corporativo, ¿qué quiere la empresa de mí? Aunque Miguel me adelantó algo, tú eres el representante de tu empresa. Tómate tu tiempo, y responde con tus palabras. Ya llegará el momento de redactarlo con mayor definición.

Santi estaba más a gusto. Javier era un tipo serio, y al mismo tiempo amable. Sentía que podía pensar en un futuro próximo de conversaciones cercanas y privadas con él, y sentirse a gusto. Quizás había llegado el momento de exteriorizar algún que otro miedo. Miró al mar y trató de ordenar las palabras. Al final, resumió:

—Yo diría que lo que te pedimos es que acompañes a este pobre chico que se ha encontrado con este marrón de ocupar, no se sabe durante cuánto tiempo, el puesto de dirección general de la empresa. Y que le acompañes quiere decir que le ayudes a convivir con su nueva realidad, sin que le tiemblen las piernas constantemente, o sin que se le salga el corazón por la boca. Porque no te puedes ni imaginar la tensión con la que vivo todo esto. Cómo voy a ocupar el puesto de mi madre, si no le llego ni a la suela del zapato. No sé lo que tengo que hacer ni por dónde empezar. Esta es la típica situación con la que algunos hijos de empresarios quizás sueñen. Yo, así, ni en pintura. Solo de pensar lo que debe estar pasando por la cabeza de cada una de las personas que forman parte del comité de dirección sobre mí... gente superprofesional, con años de experiencia, mucho más conocimiento que yo... y que ahora me vean sentarme en la silla de mi madre... ¿para qué? ¿Para mandar yo? Pero si no sé ni la mitad de lo que saben ellos... Sé que tengo muchos privilegios, soy consciente. Pero ahora mismo, desde luego, no me siento para nada una persona privilegiada.

Los ojos de Santi comenzaron a brillar. No rodó ninguna lágrima, pero sí había cristalizado algo en ellos. Javier lo percibió enseguida. Tanto la secreción de la gota incipiente en sus ojos, como el cambio en la coloración de su piel, y los movimientos un poco más bruscos de su cuerpo. Era un momento de incomodidad. Quizás incluso era la primera vez que Santi se escuchaba a sí mismo decir algo así.

—Gracias Santi. Oye, y en cuatro o cinco palabras. ¿Cómo te defines? No pienses, por favor. Responde lo más rápido que puedas.

Santi conectó enseguida su discurso anterior con la definición de su personalidad:

—No sé, yo diría que soy amable, sociable, paciente, más bien reflexivo..., y me cuesta decir que soy muy complaciente. Es otro de mis defectos.

—¿Defectos? ¿Consideras un defecto ser complaciente?

—Pues yo diría que sí. Pero, vamos, que no hay nada que hacer. Es que yo soy así.

—Pues yo creo que ser complaciente es una virtud maravillosa. Yo mismo también me considero complaciente, y no quiero dejar de serlo. Mira, hay un psicólogo que se llama Kahler[3] que explica muy bien esto de los impulsores internos. Los impulsores son esa voz interior que nos mueve a actuar. Los más habituales son algunos como «sé rápido», «sé fuerte», «hazlo», «disfruta» o «complace». Y me parecen que todos son maravillosos... siempre y cuando sepamos

3. Para saber más: Kahler, T. (2003). *Los 5 impulsores: cómo superar los obstáculos internos que limitan tu rendimiento.* Ed. Urano.

modelarlos. Ser complaciente implica que te preocupan las personas, que empatizas con su necesidad, y que se puede contar contigo. Me parecen incluso virtudes. Lo que hay que cuidar, a lo mejor, es que el impulsor no esté tan presente que pueda convertirse en un limitante. Qué bueno es tratar de complacer, siempre y cuando no te olvides de ti, de tu propia necesidad. Reorientar al impulsor hacia el equilibrio entre mi necesidad y las de los demás en un verdadero reto que tenemos muchas personas a lo largo de nuestra vida.

»Y, por cierto, si me lo permites, que no te vuelva a escuchar decir eso de: «Es que yo soy así». No hay frase más autoboicoteadora que esa. Te estás negando tú mismo la posibilidad de cambiar. Cuando alguien dice esa frase, parece que se sienta a esperar que cambie la otra persona o la realidad presente. Yo no puedo porque claro, soy así; como si fuera algo metafísico.

Santi sintió algo dentro de sí. No hubiera sabido ni describirlo si le hubiesen preguntado. Era como si, de repente, la forma de ver su mundo se hubiera ¿modificado? un poco. Como si el escenario de la realidad se ampliara. Era una sensación extraña, diferente. Buena.

Sin embargo, aún se atrevió a decir:

—No tengo tan claro que las personas puedan cambiar, mira por ejemplo a mi madre. Por más avisos que le dieron, siguió con su ritmo de vida, con esas maneras tan suyas, tan duras en ocasiones... y luego pasó lo que pasó.

—Perfecto, Santi. Si quieres, hasta te compro esa afirmación, aunque dude seriamente de ella. No voy a entrar en ese debate de si las personas pueden cambiar o no. Pero permíteme que te cambie la pregunta. Yo no sé si tú, el camarero, esas dos clientas, o yo podemos o no podemos cambiar. Pero, todos los que estamos aquí... ¿podemos mejorar?

La sonrisa de Santi fue suficiente respuesta.

COMENZANDO EL CAMINO

Dedicaron un rato más en la terraza de la taberna a definir, a grandes rasgos, los objetivos del acompañamiento, tanto desde el punto de vista corporativo como también de los retos más personales que Santi sentía que debía lograr superar o alcanzar. Un par de *e-mails* adicionales sirvieron para terminar de darles forma y llegar al acuerdo económico. El objetivo vinculado a la empresa, aprobado por Luisa y compartido con el comité de dirección, rezaba así:

«El proceso de acompañamiento ejecutivo a Santiago Alvear tiene como reto facilitar su aterrizaje al puesto de CEO, especialmente en lo relativo al desarrollo de las habilidades directivas necesarias para consolidar su posición en la organización.

Las evidencias que demostrarán el éxito del proceso se resumen en:

- Como CEO, liderar, desarrollar e implementar las estrategias necesarias para cumplir los objetivos de la empresa.
- Tomar las decisiones relativas a las inversiones y el uso de los presupuestos empresariales para conseguir los beneficios.
- Gestionar la organización y los empleados, motivando al equipo y creando lazos de compromiso con la organización.
- Comunicar a los accionistas los objetivos y logros de la empresa.
- Liderar a los directores de los diferentes departamentos de la organización
- Convertirse en su referente de los valores y cultura de la empresa».

Además de este, Santi y Javier compartían otro documento en privado, en el que aparecía una frase mucho más escueta que servía para poner foco también a una meta más personal: «Superar el miedo con el que vivo este momento, ganarme el respeto del equipo directivo y la mayor parte de las personas que forman parte de la organización. Y, en la medida de lo posible, disfrutar mi nueva función. No vivirla desde la obligación, sino desde el compromiso».

Javier estaría acompañando a Santi durante nueve meses (septiembre estaba en sus albores, así que consideraron adecuado el concepto «curso lectivo»), y se verían aproximadamente cada tres semanas, con un poco de más intensidad presencial en los primeros tres meses, y con permanente comunicación asíncrona. La vía virtual (*e-mails*, videoconferencias, audios, llamadas...) solo estaba limitada por la disponibilidad mutua, y siempre con el compromiso de tratar de responder en el menor plazo posible. «Dudo que tarde más de 72 horas en responderte a cualquier cuestión, Santi. Y, si no puede esperar, llámame o avísame para que te llame en el mismo día».

Y así comenzó el camino, después de que Javier le entregara a Santi una libreta que en la portada llevaba por título «Cuaderno de bitácora», y en cuyo interior, en todas las páginas, aparecían siempre tres palabras, espaciadas entre sí de manera simétrica, arriba, en el centro y abajo:

✓ Evidencias
✓ Aprendizajes
✓ Compromisos.

Santi lo recibió con agradecimiento, y con el compromiso de llevarlo consigo en todas las ocasiones que compartiera con Javier.

El nombramiento se formalizó el mismo día en que se rindió un emotivo homenaje a Luisa. No pudo contener las lágrimas desde el instante en que aparcó frente a la entrada principal de las oficinas. Atendiendo a su estado de salud, intentaron evitarle un desgaste emocional mayor del necesario.

En su discurso, con la voz entrecortada, hizo público lo que ya se había comunicado en privado y todos sabían: su hijo tomaría el relevo como CEO. Al escuchar el anuncio, Santi notó las miradas entre algunos directivos. No sabía si interpretarlas como sorpresa, resignación o desaprobación.

Cuando su madre le pidió que dijera unas breves palabras, apenas pudo balbucear un par de frases de agradecimiento y profunda admiración por ella.

Al día siguiente, Javier se citaba con Santi fuera de las oficinas de la empresa. El *coach* había encontrado un despacho con una gran terraza con vistas al río. «Este será nuestro principal lugar de trabajo cuando no trabajemos en tu despacho. No siempre querré que nos veamos en la empresa. Allí habrá innumerables oportunidades de distracción y desatención y, por lo tanto, de desenfoque. El tiempo que pasemos juntos, hay que aprovecharlo al máximo».

La primera conversación versó de nuevo sobre otra distinción.

—Bueno, Santi —comenzó Javier—, pues ya eres formalmente el CEO de la compañía. ¿Qué te han dado, el poder, la autoridad..., qué tienes desde hoy?

Santi miró confundido a Javier. Francamente, no tenía ni idea de adónde quería ir.

—Pues no termino de entender la pregunta. No me considero una persona autoritaria, la verdad. ¿A qué te refieres?

—¿Te gusta el cine? A mí me encanta. ¿Has visto *Gladiator*?

—Claro. —Ahora sí que estaba desconcertado del todo—. De hecho, es una de mis pelis preferidas.

—Genial. Piensa en Cómodo. Nuevo César de Roma, tan increíblemente bien interpretado por Joaquin Phoenix, qué gran actor. Cómodo hereda la posición de su padre. Da igual que accediera a ella por lo que ya sabemos. Quédate con que accede al puesto por herencia. Desde ese momento, recibe una cuota de poder muy alta, por cierto.

—Y tanto —dijo Santi, como indicando que estaba siguiendo atento el argumentario.

—Bien. Y ahora piensa en Máximo. Despojado de todo, es un esclavo convertido en gladiador. Pregunta rápida, ¿quién de los dos tiene el poder?

—Cómodo —contestó sin la menor dilación Santi, para saber hacia dónde iba esto.

—Correcto. Sin embargo, piensa en los comportamientos de Cómodo, y cómo repercutían en su entorno. ¿Se gana la confianza del Senado? ¿Alguien le sigue por convencimiento? ¿Su propia hermana cree en él?... Cómodo tiene el poder. Pero... ¿es capaz de ganarse el respeto?

—No. Más que ganárselo, lo impone por la fuerza.

—Exacto. ¿Y Máximo? Ni siquiera es un hombre libre, no tiene derechos. Pero poco a poco, con sus comportamientos, con su coherencia, con su valentía... va ganando adeptos, personas que deciden seguirle voluntariamente, incluso quienes debían ser sus propios rivales... ¿Qué ha ocurrido?

Santi tardó unos diez segundos en responder:

—Que se ha ganado que crean en él.

—Opino lo mismo. Cómodo nunca se ganó la autoridad, por mucho poder que tuviera. Sin embargo, Máximo, sin poder alguno, se ganó el respeto y la admiración de los demás, así que se convirtió en alguien a quien seguir.

Santi sintió algo parecido a tener dos puertas delante de sí. Cada una se abría hacia una senda diferente, y ahora era capaz de diferenciarlas con claridad. Por fin, habló:

—Creo que lo entiendo. No es lo mismo tener el poder que ganarse la autoridad. De hecho, hay personas a las que conozco que no tenían poder alguno, y me gustaba acudir a ellas cuando necesitaba una respuesta. Y, por qué no decirlo, también conozco a personas (ojo, no incluyo aquí a mi madre) con mucho poder de las que nunca me he fiado, y con las que más bien he tratado de tener una relación lo más efímera y lejana posible.

La velocidad mental de Santi empezaba a sorprender a Javier. No era la primera vez que sentía que este chico tan apocado y tímido conectaba tan rápido con las ideas fuerza que quería compartir con él.

—Qué rápido has llegado, Santi. Mira estos dos caminos.

Javier mostró el dibujo que estaba trazando mientras hablaba con él.

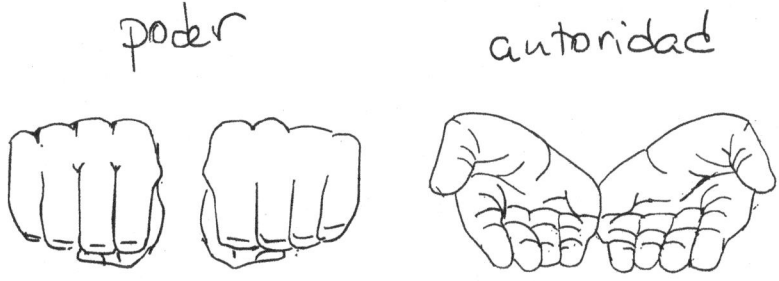

—Como ves, hay dos caminos en el liderazgo claramente diferenciados. El poder se sustenta en la capacidad para imponer, para obligar a alguien a hacer algo, incluso con la posibilidad de sanción o castigo si no se hace. Por lo tanto, el poder se basa en el temor.

»Por otro lado, tenemos la autoridad, que es la capacidad para generar confianza y admiración, y hacer que las personas te sigan por voluntad propia, porque entienden que seguirte es, utilizando una expresión muy simple, bueno. El poder te viene dado, la autoridad solo te la pueden dar los demás. Se gana, o no. Va en función de quién eres, de tus comportamientos, de la coherencia entre lo que pides y lo que ofreces... ¿Ves la conexión con tu posición hoy en la empresa?

—Meridianamente clara, Javier. Y, al mismo tiempo, ya me sudan las manos. ¿Cómo puedo ganarme la autoridad yo, que sé muy poco, que no soy nadie, que no he demostrado aún nada?

Javier volvía a sorprenderse por la disponibilidad al aprendizaje de su Telémaco.

—Es una maravillosa pregunta. ¿Qué te parece si la respondemos?

Los siguientes minutos consistieron en un trabajo de reflexión y redacción, donde Javier invitó a Santi a que redactara su decálogo de comportamientos impulsores de la autoridad. En una primera criba, quedaron dieciséis, pero Javier instó a su cliente a dejarlo en los diez comprometidos. Los que finalmente quedaron fueron redactados de la siguiente manera:

1) El ejemplo personal, la coherencia entre lo que se pide y lo que se ofrece.
2) La confianza. ¿Podemos hablar de todo?
3) Gestionar las emociones adecuadamente.
4) Dirigir = tomar decisiones.
5) Lo necesario sobre lo que me gustaría.
6) El aprendiz que camina hacia la maestría: ampliando conocimientos.
7) Tenemos dos orejas y una sola boca para escuchar el doble de lo que hablamos.
8) Que sientan que me preocupo de verdad por ellos.
9) El poder del compromiso: qué, quién, cuándo.
10) El artículo 33 cuando la ocasión lo requiera. Usar el poder, a veces, es necesario.

Plasmadas sobre el papel, ambos leyeron la lista en silencio. Por fin, Javier preguntó directamente:

—¿Consideras que, si consiguieras una alta calificación en estos diez impulsores, te ganarías la autoridad como líder de esta casa?

Santi no necesitó pensar mucho la respuesta:

—Obvio. El problema está en el punto de partida. Me falta mucho de todo esto.

—¿Y eso es en opinión de quién, Santi? —repuso Javier.

—Bueno, en la mía, claro está —respondió Santi otra vez un poco incómodo—. Pero ¿qué voy a hacer?, ¿preguntar a los demás qué piensan de mí?

—Pues mira, probablemente sea una buena idea. Mira aquí por favor, que hoy me apetece volver a dibujar algo más.

Javier dibujó un cuadrado sobre el folio, justo debajo de la lista. Una vez terminado el último lado, trazó una cruz dentro del mismo, de manera que el cuadrado inicial quedó dividido en cuatro pequeños, más o menos de la misma área.

En el primer cuadrado, situado en la parte superior a la izquierda escribió «Área pública». En el que se encontraba a la derecha de este, «Área ciega». En el que se encontraba justo debajo del primero, «Área oculta». Y, por fin, en el último que quedaba, en la parte inferior derecha, «Área desconocida». Arriba del todo escribió «Yo». En el lado izquierdo, también fuera de los pequeños cuadrados, «Los demás»:

Y comenzó una breve explicación.[4]

—Verás, muchas veces confundimos nuestras opiniones con «la verdad». Es cuando afirmamos que las cosas «son así», que tú «eres así» o que yo «soy así». Pero, al mismo tiempo, cada persona a nuestro alrededor tiene su propia versión de la realidad. A veces coinciden, otras no.

»Hace tiempo, dos investigadores, Joseph y Harry, crearon un modelo llamado "la ventana de Johari" para explicar cómo percibimos

---

4. Fritzen, S. J. (1987). *La ventana de Johari: ejercicios de dinámica de grupo, relaciones humanas y sensibilización.* Ed. Sal Terrae.

y compartimos nuestra identidad. Es esto que te he dibujado. Básicamente, nos muestra que nuestra percepción de la realidad se divide entre lo que sabemos de nosotros mismos y lo que los demás ven en nosotros.

- El área pública: es la parte de ti que tanto tú como los demás conocen y reconocen. No hay sorpresas, todos coinciden en su percepción.
- El área ciega: son rasgos o comportamientos que los demás ven en ti, pero que tú desconoces. Solo puedes descubrirlos si te los hacen notar.
- El área oculta: es aquello que tú sabes de ti mismo, pero no compartes con los demás. Es tu espacio privado.
- El área desconocida: es la parte de ti que ni tú ni los demás conocéis. Solo se revela cuando te enfrentas a nuevas experiencias y descubres aspectos de ti que ni imaginabas.

»¿Más o menos claro?

Santi solo se atrevió a responder, con toda sinceridad:

—Más o menos.

Javier continuó, para no interrumpir su propio discurso:

—Bien, pues, para empezar, te propongo que trabajemos con la segunda ventana, el área ciega. ¿Qué te parece si te lanzas a hacer una identidad pública y ya empezamos a trabajar con tu listado de impulsores?

Javier captó la expresión de Santi: cejas levemente fruncidas y una mirada que decía claramente «Continúa... no tengo ni idea de qué estás hablando». Sonrió y prosiguió con su explicación.

—Mira, la identidad pública es uno de los ejercicios más potentes que realizo con las personas a las que acompaño. Es una forma de tomar conciencia de cómo te percibe tu entorno y, al mismo tiempo, una gran muestra de confianza hacia quienes te rodean.

»Se trata de seleccionar entre seis y ocho personas de tu entorno profesional, ya que este trabajo lo enfocamos desde una perspectiva laboral. Aunque, personalmente, siempre recomiendo incluir a alguien del ámbito personal. Así podrás comparar cómo te ven en tu vida profesional y en tu vida más íntima.

»Para que el ejercicio sea útil, la elección de esas personas es clave. Deben cumplir tres criterios: que sean valientes (dispuestas a ser honestas contigo), oportunas (que te conozcan bien en este momento de tu vida) y comprometidas (que respondan con seriedad).

»Una vez tengas la lista, me la pasas. Luego, tú les enviarás un mensaje que yo te proporcionaré para ponerlos en contexto. Yo me encargaré de contactar con ellos y hacerles tres preguntas clave sobre cómo te perciben.

»Cuando tenga todas las respuestas, te entregaré una carta con lo que han dicho.

Como solía ocurrir, Javier finalizó su explicación con un inmediato y casi brusco silencio. Sabía el efecto que el ejercicio de identidad pública solía producir en quien no lo había hecho nunca. Dejó que la incomodidad, la curiosidad, el vértigo... caminasen por la cabeza de Santi el tiempo que necesitara, y que este fuera el que rompiera dicho silencio cuando lo considerara oportuno.

Por fin, unos treinta segundos después, Santi rompió el silencio:

—Estoy en tus manos, Javier. Me asaltan mil cosas: a quién elegir, qué dirá cada uno de mí, cómo recibiré las opiniones negativas, si me creeré las positivas..., pero, como estamos aquí para crecer, manos a la obra.

Javier no dejaba de admirar la disposición del tipo que tenía delante. Se había encontrado con una realidad aparentemente no deseada, y además le habían impuesto un acompañamiento que, como mínimo, no le iba a permitir eludir asuntos importantes relacionados con su «yo» más interno. Y, aun así, ni una queja ni una oposición. Al menos de momento.

Santi se comprometió a elaborar la lista en el plazo máximo de tres días. Mientras repasaba en posibles nombres, apareció una ocurrencia en su cabeza y espetó:

—Oye Javier, yo no tengo a nadie actualmente, pero me ha asaltado una duda que necesito preguntar: ¿y si alguien considera incluir a su pareja en el listado? ¿Es recomendable o no?

Javier sonrió, y le dio la respuesta que habitualmente daba a esa pregunta:

—Hombre, deportes de riesgo, los que cada uno considere...

UNA SITUACIÓN INCÓMODA

El siguiente día de acompañamiento, una semana después de su última conversación presencial, iba a realizarse a través del *shadow coaching*. Javier estaría presente en la primera reunión con directivos en la que Santi participaría. Aunque le había propuesto estar allí, su presencia sería discreta: solo para observar y registrar aquellos aspectos que pudieran aportar valor al proceso de acompañamiento. El objetivo principal de Javier sería centrar su atención en Santi y su interacción con el sistema.

—Recuerda Santi: no voy a intervenir, no voy opinar después sobre nadie... para mí, el resto de personas que están en la sala son perfectas. Mi foco va a estar en observarte a ti. Tus intervenciones, miradas, movimientos, silencios..., en resumen, en ver cómo empiezas a bailar con tu nuevo equipo.

La reunión no era un comité de dirección formal, sino un encuentro convocado por Roberto, el director de operaciones, para tratar un tema que rezaba en la convocatoria como: «Renovación maquinaria». Santi había sido incluido en ella por orden directa y expresa de Luisa, quien había solicitado que estuviera presente en todas las reuniones no ordinarias en las que participaran al menos dos directores, hasta que pasaran los primeros seis meses de su llegada, o hasta que él mismo indicara lo contrario.

Al llegar, Santi percibió las miradas que le recibieron al saludar y tomar asiento. Y, por supuesto, ninguna de ellas parecía transmitir una valoración positiva. Nervioso e inseguro, luchó por encontrar las palabras adecuadas para presentar a Javier, explicar su papel como acompañante y aclarar que su misión sería observar sin intervenir, no solo en esa reunión, sino en muchas otras que vendrían.

El tema de la convocatoria era claro: analizar la posible renovación de una maquinaria clave para la fábrica, una cuestión que varios responsables de la planta de producción, incluido Roberto, consideraban urgente y de vital importancia.

Ángela, por su parte, tenía una opinión completamente distinta. Como directora financiera, sostenía que la renovación de la maquinaria no estaba contemplada en el presupuesto. Cuando se solicitó información para aplicar el criterio de gestión presupuestaria del año, nadie de operaciones mencionó la necesidad de una renovación de ese tipo. Por lo tanto, consideraba que no había razón para darle tanta urgencia a esa inversión. Incluso añadió, con tono firme, que «probablemente los presentes podrían estar aprovechando mejor su tiempo en otros asuntos, ya que yo ya respondí a la convocatoria con mi opinión al respecto».

Además de Santi (y Javier, en su rol de observador), Roberto y Ángela, la reunión contaba también con la presencia de dos encargados de la fábrica, quienes explicaban las dificultades de producción derivadas del mal estado de las máquinas. La tensión en la sala iba en aumento. El volumen de voz subía, sobre todo por parte de Ángela, quien reprochaba a Roberto, una y otra vez, que hubiera convocado la reunión «con el séptimo de caballería».

Santi apenas intervino, pero no dejó de tomar notas en su libreta, atento a los detalles.

Al final, se acordó que el equipo de operaciones redactaría un informe detallado de la merma productiva específica que provocaba la situación, y cómo se recuperaría con una inversión concreta. Mientras recogían, Roberto no pudo aguantar más y espetó:

—Antes de irnos, necesito decirte una cosa Ángela, porque si no, reviento.

Ella le miró desafiante:

—Dime, dime

—Pues te digo: eres una maleducada.

De repente, todos pararon de recoger y se hizo un silencio absoluto que rompió la propia Ángela:

—¿Perdona?

Roberto, sin apenas inmutarse, continuó:

—Pues sí, eres una maleducada. Solo te digo que cuatro veces que he ido a expresar mi opinión, cuatro veces que no he podido terminar mi frase porque las cuatro me has interrumpido. Así que, siento decirlo, pero eres una maleducada. Te voy a pedir, por favor, que en la siguiente reunión cuides esto.

Santi no sabía qué hacer ni qué decir. De hecho, miró de soslayo a Javier, que simplemente le hizo un gesto con la mano derecha que pudo interpretar como «caaalma».

Las miradas se dirigieron a Ángela, cuya piel comenzaba a enrojecer progresivamente, tornándose de un color cada vez más rosado. Todos conocían su carácter y sabían que, en cualquier momento, aquello estallaría.

Finalmente, su voz se elevó varios decibelios:

—Pero ¡¡¡¿cómo te atreves?!!!

Todo lo que Ángela dijo a partir de ese momento hizo que Santi se sintiera completamente incapaz de afrontar situaciones como esa. Al mismo tiempo, no podía evitar pensar que el comité de dirección se asemejaba más a una guardería que a un equipo profesional.

Cuando Ángela terminó de hablar y cada uno salió apresuradamente de la reunión, Santi observó que Javier se acercaba a Roberto. Mientras lo saludaba, le pidió permiso para hacerle un comentario. Santi, curioso, acercó la oreja y escuchó:

—Roberto, lo primero: no soy quién para dudar de la legitimidad de tu intervención. Cada uno tiene derecho a expresarse como crea conveniente. Sin embargo, creo que, en la realidad, lo que querías era conseguir una reacción, en este caso de Ángela, a futuro. ¿Es así?

—Por supuesto, es que ya me tiene harto con sus malas maneras —respondió Roberto con tono áspero, probablemente con un mensaje subliminal que decía algo así como «y a ti quién te ha dado vela en este entierro», que ambos entendieron sin necesidad de más explicación por el tono y la mirada de Roberto.

—Lo entiendo, pero quizás la forma en que lo has hecho no ha ayudado demasiado.

—Probablemente, pero qué a gusto me he quedado —replicó Roberto, con un deje desafiante.

—¿De verdad? —preguntó Javier.

Roberto reaccionó:

—Bueno, la verdad es que no. No me siento bien por lo que hemos provocado, y mucho menos por cómo nos han visto los demás, especialmente los miembros de mi equipo. —Roberto los señaló con un gesto de la mano y, luego, tras una breve pausa, la abrió hacia la derecha, como queriendo decir: «¿Y qué esperas que haga?».

—En eso sí estoy de acuerdo. Gracias, me parece valiente. —Javier hizo una pausa antes de continuar, pensativo—. Mira, si yo hubiera vivido algo así, también habría sentido la necesidad de hablar con ella, pero tal vez no enfocándome en cómo es ella, sino en lo que ha hecho.

»Es decir, cuando iniciaste la conversación diciéndole "eres una maleducada", te enfocaste directamente en su identidad. Eso pone a la otra persona a la defensiva, y es probable que reaccione con un "escudo" o, peor aún, con una "espada". Yo, en lugar de hablar de cómo es ella, me habría centrado en su comportamiento, en cómo esa conducta me afecta a mí y al desarrollo de la reunión. Hubiera hablado de mí, no de ella.

—Pues no sé si termino de entenderte —respondió Roberto.

—Bueno sería algo así como haberle dicho a Ángela que necesitas hablar con ella un minuto al terminar la reunión, en privado, y decirle algo así como: «Ángela, necesito hablar contigo porque me he sentido incomodísimo en la reunión que acabamos de terminar. Y me he sentido así porque las cuatro veces que he tratado de intervenir, las cuatro tú has empezado a hablar sin dejarme terminar mis frases. Me he sentido interrumpido las cuatro veces. Te pido por favor, que, en la próxima reunión, cuides esto».

Roberto guardó silencio unos segundos, miró a Javier con una expresión que Santi interpretó como de respeto incipiente y, finalmente, dijo:

—Desde luego, no es lo mismo. O mejor dicho, sí que quiero conseguir lo mismo, pero a lo mejor de una forma más adecuada. Me lo llevo, gracias.

Y salió dando una palmada en la espalda al *coach*.

Cuando ya no quedaba nadie más en la sala, Santi y Javier se sentaron. Javier podía casi escuchar otra vez cómo la cabeza de Santi procesaba lo que acababa de ocurrir. Por fin, el *coach* inició la conversación:

—¿Qué ha pasado aquí?

Otra pregunta abierta. Santi tuvo que hacer un esfuerzo por centrarse y sintetizar para dar una respuesta:

—Pues han ocurrido varias cosas, pero me quedo con tres puntos. Primero, que en el comité no parece haber un buen ambiente entre algunos miembros. Segundo, que todos defienden su propio terreno, pero nadie se ha detenido a pensar en cómo este asunto beneficiaría al cliente o a la empresa. Y tercero, que, cuando alguien te provoca, es fácil caer en la tentación de responder con la misma moneda. Aunque, honestamente, en mi caso, no creo que hubiera sido capaz de decir nada. Me habría quedado callado, me lo habría tragado y, quizás, al final, solo me desahogaría con alguien de confianza.

—Qué interesante todo lo que dices, Santi —respondió Javier, visiblemente sorprendido—. Sobre todo lo que mencionas acerca de la falta de enfoque en el impacto que la conversación tendría sobre el cliente y la empresa. No se me había ocurrido, y creo que hubiera sido muy valioso que lo hubieras planteado en medio del debate.

»Ahora bien, no estoy seguro de si lo que hemos presenciado es un desalineamiento o simplemente una discrepancia. Hay que seguir observando y escuchando. Huele un poco a que los directores no están mirando en la misma dirección. Pero, a veces, confundimos no estar de acuerdo con no mirar al mismo sitio. Discrepar, desde mi perspectiva, es algo no solo bueno, sino necesario, especialmente en una organización dinámica. El conflicto en sí no es ni bueno ni malo. Lo que importa es cómo lo manejamos y cómo salimos de él. El conflicto, en su esencia, es la fuente del progreso. Al menos así lo decía Henry Kissinger, el político estadounidense. Explicaba que Estados Unidos es una sociedad en constante conflicto consigo misma y, precisamente por eso, es un país que está siempre en progreso, aunque sea de manera gradual. En cambio, en la Unión Soviética, el conflicto, en especial con el poder establecido, estaba prohibido. Al no cuestionarlo, el sistema se fue corroyendo por dentro, hasta que, al final, se desmoronó como un castillo de naipes.

—O sea, ¿me estás sugiriendo que fomente el conflicto, con todo lo que eso implica y la incomodidad que puede generar, tanto a mí como a los demás?

—Exacto, te estoy invitando a que lo hagas. Y, si prefieres no llamarlo conflicto, podemos hablar de fomentar el debate, la duda, la discrepancia... Si en una reunión tienes a nueve personas y todos piensan igual que el CEO, entonces al CEO le sobran ocho personas allí. Mejor envíales un correo con las instrucciones, porque esas reuniones requieren mucha inversión en cada asiento, y hay que aprovecharlas al máximo.

Santi se quedó inmóvil, activando de nuevo su cerebro. Sin embargo, Javier no le dio tregua, y añadió:

—Oye y por cierto..., ¿y respecto al tercer punto? Me parece algo que apunta directamente a ti. Fíjate en esta línea, sobre la que vamos a incorporar tres palabras:

INHIBICIÓN   ASERTIVIDAD   IRA

»¿Qué me dirías? ¿Quién ha estado dónde y, en general, dónde tu ubicas tú?

«Este tipo se va a pasar la vida incomodándome», pensó Santi, sin atreverse a decir nada en voz alta. Mirando el dibujo, no le resultó complicado ubicar a las personas presentes en la reunión:

—Bueno, creo que está claro que en la parte de la izquierda me ubico a mí y a los dos encargados. En la de la derecha a Ángela, y al final también a Roberto, no sé hasta qué punto influido por ella, y quizás en medio te pondría a ti, con tu intervención.

Javier arrimó el cuerpo un poco más hacia Santi, y pasó de mirar al papel, a mirar al joven:

—Ok. Estoy bastante de acuerdo, en general. Y, si te parece, vamos a centrarnos en ti. Santi, ¿Cómo vas a liderar sin mostrarte asertivo? Dicho de otra manera, ¿una persona que lidera puede permitirse el lujo de no expresar con firmeza y delicadeza lo que necesita en cada momento? No hace falta que me contestes, te doy mi opinión: no, rotundo.

Santi volvió a sentirse muy lejos del lugar donde debía estar, y añadió:

—Desde luego, estoy de acuerdo. Y te digo al mismo tiempo que suelo quedarme callado ante este tipo de situaciones incómodas. Quizás el carácter de mi madre, tan invasivo en ocasiones, me ha hecho ser un poco más retraído; quizás mi propio temperamento, mi timidez.

—Santi, que eso en el fondo da igual —le interrumpió Javier—. Ya estás poniendo foco en el «porqué». Ya estás mirando al pasado. Creo que es mucho más productivo que pongas la mirada en el «para qué», que mira al futuro. No sé los motivos que te hacen comunicarte de manera más cohibida de lo que te gustaría. Lo importante, para mí, es que decidas qué quieres hacer con eso y hacia dónde quieres mirar como reto a alcanzar, en este aspecto.

Esta vez Santi sí se sintió un poco molesto.

—Ya, Javier, pero querer algo no es conseguirlo. ¿Y cómo narices paso yo de ser una persona cohibida durante años a ser asertivo, solo por proponérmelo? ¿Por tener un cargo en el que se lee CEO, o por tener un *coach,* las palabras ya salen de mi boca de forma diferente...?

—Anda, mira. Dicen que la ironía es un subterfugio de la de comunicación agresiva. ¿Un líder nace o se hace? No lo dudes, todos tenemos nuestros puntos fuertes que vienen casi de serie. Todos. Y, a partir de reconocerlos, el liderazgo, sobre todo, se entrena. Lo que pasa es que supone conocimiento, compromiso, retos, complicidades, también celebración por las metas conseguidas... Es un camino. Aquí tenemos una carta que está encima de la mesa. Y ya la conocías, esta no es nueva para ti. Eso sí, ahora, tú juegas y te haces responsable de tu elección. Por cierto, quizás lo he afirmado demasiado pronto. ¿Juegas o no?

Santi respondió con una sinceridad desnuda:

—Que sí, juego. Ya dije una vez que me embarcaba en este proceso, pero no tengo el libro de instrucciones. ¡No sé cómo se juega a esto!

—Perfecto, yo te paso herramientas, reglas y recursos, y tú las pones en práctica. En concreto, para entrenar tu asertividad y que aparezca en lugar de tu inhibición el mayor número de veces posible. Dos cosas para empezar: lo primero, no hagas caso a ese lorito interior que trata de boicotearte cada vez que sientas en tu interior la necesidad de intervenir. Actúa, no pienses tanto. Cuando empezamos a pensar en nuestra incapacidad, rara vez el pensamiento avanza en positivo. Pero, cuando intervienes, ocurre lo contrario. La conversación nos permite construir y avanzar. Y la segunda, organiza tu exposición verbal con este esquema que te escribo en la pizarra:

YO + TU NECESIDAD + SUCESO (EVIDENCIA) +
EFECTO + *FEEDFORWARD*

»Disculpa que haya incluido una expresión anglosajona. Ya sabes que los consultores y *coach* cuando utilizamos una palabra en inglés, facturamos más.

»Básicamente lo que te propongo es que, con este orden, puedas expresar tu necesidad con lo que ha ocurrido, el efecto que te ha producido y que termines con la expectativa de futuro que tienes a través de tu intervención. Y, a partir de ese momento, te toca activar los oídos y escuchar. Porque la asertividad está al otro lado de la empatía, solo que no la pierde de vista. Piensa en cómo he construido con Roberto mi propuesta sobre cómo hubiera afrontado yo la conversación con Ángela.

Santi anotó en su cuaderno de bitácora la estructura de la conversación, asintiendo con la cabeza, como tratando de incorporarla ya a su inconsciente.

—La verdad es que a veces escucho en esta casa conversaciones muy duras. Yo puedo mostrarme más introvertido de lo que debiera, pero algunos se pasan de directos cuando hablan. Me parece que son demasiado duros en ocasiones.

—Pues sí, no es extraño encontrar conversaciones muy duras en las empresas. Y no creo que sea malo, a veces es muy necesario. Pero maticemos, se trata de ser duros con el problema, no con la persona.

—El eslogan sería «duros con el problema, blandos con la persona», ¿no? Lo compro desde ya, y me lo guardo para incluso recomendarlo cuando tenga la oportunidad... y me atreva a ser asertivo.

—Al menos tenlo presente. Y, en tu caso, no seas blando con el problema. Y sobre todo, inténtalo. Antes no me gustaba esta expresión:

«Inténtalo». La consideraba una expresión un tanto derrotista. No se trata de intentarlo, se trata de conseguirlo. Pero, con el paso de los años, me he reconciliado con ella. Me encanta que se intente. Es el paso previo e imprescindible para ir lográndolo. Así que inténtalo cada vez que sientas la necesidad de comunicarte mostrando tu necesidad y tus sentimientos.

—¡Oído cocina! Y, hablando de cocina, ¿un café?

EL PODER DE LA FRAGILIDAD

—Necesitaba llamarte, Javier. Perdóname. Sé que ni hoy ni esta semana tenemos sesión, pero una vez me dijiste que, si alguna vez sentía la necesidad, descolgara el teléfono. Y aquí estoy... Nunca te he molestado, pero hoy, con sinceridad, necesitaba sentirme acompañado.

—Ok, Santi, estoy en la Sala Club de Atocha. Me quedan unos cuarenta minutos para tomar el tren, así que soy todo oídos hasta cinco minutos antes de la salida. Dispara, ¿qué ha pasado?

—Acabo de salir de mi primer comité de dirección... y ha sido un puñetero espectáculo. No sé cómo no programamos que me acompañaras en un día tan complicado para mí. Terrorífico, Javier. De verdad. Me acordé de aquello que dijiste sobre la guardería, pero esta vez no la han liado Ángela y Roberto. De hecho, te diré más: se han sentado juntos, serios, pero respetándose. Y me contó Roberto que siguió tu consejo, que el mismo día de la bronca se fue al despacho de Ángela, se disculpó y le soltó la frase que tú le regalaste palabra por palabra. Ángela no dijo nada, pero parece que, desde entonces, se contiene un poco más en las reuniones.

—Pues no es poca cosa...

—Ya, pero hoy la función la han protagonizado Ana, la directora de sistemas de gestión, y Álex, el director comercial. Y estos dos no se aguantan. Lo sabía porque Álex no se calla ni debajo del agua y lleva tiempo rajando de Ana por cada rincón de la oficina. Cero filtros. Y Ana..., bueno, ella no le responde directamente, pero va dejando caer su veneno por la empresa con una elegancia digna de un *thriller* político.

—Déjame adivinar..., ¿ha explotado todo?

—¿Explotado? Ha sido un incendio forestal. Estábamos con el segundo punto del orden del día, sobre la presentación a un cliente clave para el futuro de la empresa, cuando Álex ha soltado con toda la ironía del mundo: «De esto que hable Ana, que sabe más que nadie. Ya que ha ido diciendo por ahí que mi presentación fue un desastre y que no le di importancia a las certificaciones PAS2060 y la EFR».

—Uf...

—Aguanta, que viene lo bueno. Ana, sin pestañear, responde: «Es que estuviste dos segundos en esa diapositiva. Voy a tener que empezar a grabar nuestras conversaciones, porque me prometiste que ibas a dedicarle tiempo».

—Y a partir de ahí...

—El caos: Álex acusando a Ana de tener topos en su departamento, Ana insinuando que ya graba las reuniones con él... y cada uno con su propio séquito de palmeros sumándose a la gresca. El resto estábamos allí, mirando atónitos, como espectadores de un combate de boxeo sin árbitro.

—¿Y tú?

—Yo no supe ni verlo venir ni pararlo. Lo único que se me ocurrió fue forzar un *break* y pedirle a Álex, mientras tomábamos café, que al volver cerrara el tema rápido para pasar a otro punto. Vamos, apagar el fuego con un cubo de agua.

—Santi, para, espera. Respira. Lo primero, me parece que has actuado de manera correcta. Quizás hubiera añadido alguna declaración de la clase de comportamiento y trato que no toleras encontrar en los comités, porque ahí ya estarías declarando tu expectativa. Al mismo tiempo, es pronto aún. Al menos interviniste, paraste la discusión y provocaste un *stop* para calmar los ánimos. Y has generado la oportunidad de una conversación con ellos, que debes aprovechar para empezar a marcar tu propio estilo. Puedes regañarlos...

—Como lo haría mi madre, seguro. Les echaría un auténtico broncazo, para que se porten bien —interrumpió Santi.

—Volvemos al patio de colegio. Como te decía, puedes regañarlos o puedes tratar de hacerlos responsables. Creo que es una oportunidad y que debes aprovecharla para definir tu estilo de dirección. Lo prepararemos en nuestra próxima sesión, puede salir de allí algo interesante.

Santi, volvió a la carga, reanudando el relato:

—Vale, pero espera, que hay más. En el siguiente punto, Roberto tomó la palabra para hablar de indicadores de productividad operativa y costes económicos. Como siempre, metió de nuevo su demanda de renovación de maquinaria. En un momento dado, se detuvo, me miró de hito en hito y dijo: «Santi, si en algún momento te pierdes con los datos o con algún concepto, no dudes en preguntarme».

»Era como si, de repente, hubiera podido meterse en mi cabeza y escuchar exactamente lo que estaba pensando. Porque, justo en ese momento, me estaba recriminando a mí mismo que no me estaba enterando de nada y que debía ponerme al día cuanto antes. Pero ¿qué hice? Respondí con falsa seguridad: «Sí, sí, lo entiendo todo. Continúa, por favor».

»Si en ese instante me llega a hacer cualquier pregunta sobre los datos que estaba manejando, me habría quedado en pañales delante de todos. Estoy casi seguro de que hasta me cambió el color de la piel al pensarlo. Por suerte, creo que nadie se dio cuenta.

—¿Y cómo te hizo sentir eso, Santi?

—A ver... Por un lado, aliviado, porque Roberto continuó sin insistir. Pero, por otro, no te voy a negar que me sentí bastante incómodo con mi propia reacción. Aunque también te digo una cosa: creo que elegí bien. Imagina, en este mundo de tiburones, mostrarte vulnerable... Si lo hago, me comen y me pierden el respeto. Seguro.

Javier sonrió y dejó que esa última palabra flotara en el aire unos segundos.

—¿Seguro? —replicó finalmente.

—Vamos, segurísimo. De hecho, en cierto modo, hasta me felicito por haber sido rápido —contestó Santi, volviendo a sentir ese calor corporal del que hablaba al referirse a su cambio de color.

—Pues mira, no lo sé. Creo que Roberto te lanzó una pregunta más retórica que otra cosa. De hecho, no solo él sino también el resto del comité probablemente asuma que, recién incorporado, no tienes aún el conocimiento, la experiencia ni toda la información necesaria.

Javier hizo una pausa antes de continuar:

—Lo único que te digo es que, si sigues haciendo esto más veces, puede que, en algún momento, alguien decida poner a prueba tu «sí, lo sé», y entonces te encuentres en una situación realmente incómoda. Una en la que podrías, paradójicamente, perder el respeto que tanto intentas proteger. No creo que mostrar vulnerabilidad sea algo malo cuando en realidad no sabes y necesitas ayuda. De hecho, puede ser justo lo contrario.

Esta vez sí que Santi se sintió en franca discrepancia con Javier, y hasta con ciertas ganas de ganarle este duelo dialéctico:

—Insisto, no me estarás diciendo que mostrarse vulnerable es algo bueno, ¿verdad? Si te escucha mi madre, creo que serían tus últimos minutos como proveedor de esta empresa. En este momento, creo que lo que menos necesito es enseñar mis vergüenzas, la verdad.

—Pues lo que yo creo es que la vulnerabilidad, más que una fortaleza o una debilidad, es más bien una herramienta. Mira, te lo voy a explicar con un ejemplo personal. Hace unos años tuve una crisis de relación con mi hijo mayor. No había manera de conectar. Uno estaba en Marte y el otro en Saturno. Yo le daba mis consejos de padre, y él me repetía una y otra vez que le dejara pensar y actuar con su propio criterio; yo, que tanto hablaba del derecho (y el deber) de cada persona de sacar de dentro hacia fuera todo su talento. Total, que incluso durante unos días dejamos de hablarnos, porque casi cada vez que nos encontrábamos en cualquier situación, la bronca estaba asegurada.

—¿Qué me dices? Si yo pensaba que eso a ti no te pasaba —interrumpió Santi, lo que Javier interpretó como un dardo de ironía.

—¿Que si me pasa? Más veces de las que imaginas. Y, al mismo tiempo, trato de estar atento. Por eso, una de las noches en que deslicé el asunto con mi mujer en una conversación de dormitorio, le dije: «Esto ya solo se me ocurre afrontarlo desde la vulnerabilidad, no encuentro otra forma de conectar con él».

»Y dicho y hecho. Al día siguiente, le dije: "Hijo, ya sabes que papá presume de tener muchas herramientas para transformar, desbloquear situaciones..., en resumen, para ayudar a las personas a resolver sus conflictos, ¿verdad? Pues esta vez no soy capaz de encontrar ninguna. No tengo ni idea de cómo afrontar ni solucionar esta situación. Lo único que sé es que quiero solucionarlo porque te quiero mucho. Pero no sé cómo. Necesito tu ayuda.

Santi tenía los ojos más abiertos que nunca. En su fuero interno estaba imaginando una conversación similar con su madre, dónde él era quien se mostraba vulnerable y su madre le acogía y devolvía su propia fragilidad.

Pero lo único que, en ese momento, acertó a preguntar fue:

—¿Y qué pasó?

—Pasó lo mejor que podía pasar. Aún parece que escucho el sonido metálico de las corazas al golpear el suelo. Por fin volvió a dirigirme la palabra, para decir: «La verdad es que yo tampoco sé cómo solucionarlo y, desde luego, sí que quiero hacerlo». Nos fundimos en un abrazo, y juntos, comenzamos a buscar el camino.

—Qué bueno. Y, más allá de lo emocional, ¿sirvió?

—Un amigo suyo del instituto estaba trabajando con sus padres con un modelo que les estaba funcionando muy bien. ¿Recuerdas una película llamada *El hombre que susurraba a los caballos*?

—Vagamente, el título me suena, pero no recuerdo haberla visto —respondió Santi.

—Bueno, el caso es que, aunque la historia trata sobre la conexión entre personas y caballos, de ahí surgió la idea de un modelo de relación con adolescentes basado en el concepto del contrato familiar. Se trata de un acuerdo escrito y firmado entre padres e hijos donde se establecen compromisos, derechos y deberes para ambas partes. Llevamos años usándolo y nos ha funcionado de maravilla.

»Cada año lo revisamos y actualizamos, y cuando surge un desacuerdo, acudimos al contrato. Si algo no está contemplado, lo hablamos, llegamos a un acuerdo y lo incluimos.

»¿Siguen existiendo conflictos? Por supuesto. ¿A veces toca decir "esta decisión la tomo yo"? Claro. Pero, en general, nos ha permitido construir algo en común, sentirnos responsables mutuamente y alinearnos en las soluciones. Vamos, que no acabaría nunca de enumerar todo lo bueno que nos ha dado.

»Y no perdamos el foco, Santi. Te he puesto el ejemplo para que revises tu forma de relacionarte con tu vulnerabilidad. Te invito a que incluso la percibas como una herramienta. No te digo que te muestres vulnerable siempre, obviamente. Lo que te digo es que a veces la vulnerabilidad te va a abrir la puerta de la conexión con el equipo, a recibir ayuda, a que los demás también se muestren vulnerables... yo diría que es una herramienta muy poderosa.

»Incluso te diría algo más. Los ingleses dicen que, a cualquier persona, según se la mire, se le puede llegar a encontrar una parte muy ridícula. Quizás, a veces, cuando nos ponemos las corazas y la capa de Superman, quien está enfrente nos puede ver realmente ridículo, y pensar algo así como: "Míralo, ahí está, fingiendo que sabe o que tiene la solución, cuando yo sé que no tiene ni idea". Mejor pedir ayuda y declarar que no sé. No vaya a ser que se avance en la conversación y se evidencie el gran axioma de Groucho Marx.

—¿Y ese cuál es?

—Que es mejor permanecer callado y parecer estúpido, que hablar y confirmar definitivamente las sospechas.

UN MODELO DE RELACIÓN

—Javier, necesitaba esta reunión para ponerte al día de algunas cosas y, sobre todo, para pedirte ayuda, porque de repente me encuentro con muy poco tiempo para atender muchas cosas.

El tono de Santi sonaba cercano al... ¿entusiasmo? Javier ya tenía noticias indirectas de la visibilidad que Santi estaba logrando, poco a poco, en la compañía. Y, al mismo tiempo, aún quedaba mucho camino por recorrer. Así que, para continuar trabajando, simplemente respondió:

—Perfecto. Pues vamos a ser organizados. Me has pedido sesenta minutos. ¿Cuántos asuntos son y cómo quieres distribuirlos en el tiempo que disponemos?

Santi volvió a arquear las cejas, síntoma inequívoco de estar encontrando un nuevo aprendizaje.

—Increíble, treinta segundos de conversación y ya he aprendido algo nuevo. Si tenemos un tiempo limitado y vamos a tratar más de un asunto, distribuyamos el tiempo disponible. Qué sencillo y nada fácil. Pero me lo anoto en mi cuaderno de bitácora. Voy al lío. —Definitivamente la energía de Santi empezaba a ser otra—. Son tres asuntos, aunque sobre todo me encantaría tratar dos y, si da tiempo, entramos en el tercero. Creo que el primero nos llevará diez minutos, y los otros dos, el resto de nuestro tiempo.

—Perfecto Santi, pues adelante con el de los diez minutos.

—¿Recuerdas que hace dos semanas viví aquella situación tan incómoda con Roberto, el de operaciones, y Ángela, la financiera? Ya sé que hay otras relaciones aún más tóxicas en la organización. Pero vayamos a esta cuestión. Me pasaste un recurso para afrontar ese conflicto, y la verdad es que quería contarte el resultado. Hace años que no usaba esta expresión, pero es que creo que viene al pelo: he flipado.

—¿Ah sí? ¡Cuéntame por favor!

—Bien, tal como me indicaste, los cité a una reunión privada en una sala «neutral». Ahí estábamos los tres. Yo, temblando como una hoja, y ellos dos, mirando con cara de desconcierto. Tracé una sonrisa nerviosa y traté de ser asertivo, lo que diría que, en mayor que en menor medida, logré. Primero les agradecí que hubieran acudido, y, sin más preámbulos, me lancé a la piscina. Les solté que los conflictos sin resolver son, con toda probabilidad, una de las mayores señales de alerta de una empresa tóxica. Y que una de mis prioridades era eliminar esa toxicidad antes de que nos devorara. Según mi mirada, la relación entre ellos dos no era exactamente el ejemplo de armonía que me gustaría ver en el comité.

»Claro, como me habías advertido, se quedaron completamente descolocados. Pero, como buen alumno, no los dejé escapar. Les pregunté directamente: "¿Cómo calificaríais vuestra relación, en una sola frase, como si fuera el titular de un periódico?".

»Por supuesto, la sorpresa se apoderó de ellos. Roberto fue el primero en hablar, con tono dubitativo: "Complicadita". Y Ángela, más afilada, lo describió como "una bomba de relojería con la mecha muy corta". Lo cual, hay que admitirlo, tenía su gracia, porque, si vamos al caso, las bombas de relojería no tienen mecha. Pero, por razones de disciplina, decidí no hacer comentarios.

»Siguiendo el siguiente paso de tu guion (que, por cierto, llevaba anotado en mi cuaderno de bitácora, con letra microscópica para asegurarme de que nadie más que yo pudiera leerlo), les pedí que identificaran los dos comportamientos del otro que más les molestaban. Eso sí, que los escribieran antes de decir nada. Estaban tan fuera de lugar que ni se les ocurrió rebelarse. Es curioso cómo reaccionamos ante el desconcierto... yo, por mi parte, seguía temblando como un flan y hacía todo lo posible por no demostrarlo.

»Finalmente, después de un silencio incómodo, Ángela rompió el hielo: "Lo que no aguanto de Roberto es su falta de visión periférica. Solo mira por y para la producción". Roberto intentó replicar, pero hice valer mi autoridad y lo corté: "No es el momento, Roberto", le dije. Ángela aprovechó para continuar con su segunda queja: "Dirás lo que quieras de mí, pero tú tampoco escuchas".

»Fue ahí cuando, sintiéndome un poco como si estuviera desempeñando tu rol de *coach* (de esos que ponen el toque mágico en las conversaciones difíciles), traté de matizar sus palabras: "¿Quieres decir que no te sientes escuchada por Roberto cuando las conversaciones entre vosotros se tensan?". Ángela me miró, asintió y me respondió: "Sí, básicamente, eso es". Y, aunque no me di por vencido, intenté hacerle ver que "no escuchar" y "no sentirse escuchada" son cosas distintas.

»Le tocaba a Roberto, que se lanzó con sus dos incomodidades: "La primera, ya que estamos con el tema, es que tú tampoco me escuchas. O, mejor dicho, no me siento escuchado. O ya ni sé cómo decirlo. Y lo segundo, lo que me mata es ese aire de superioridad con el que me hablas. Tienes esa manera de decir las cosas con tanta displicencia que me siento inferior, como cuando me dices 'ya deberías saber lo que dice la norma, y si no es así, te lo explico en dos minutos'".

»Abrí la conversación como me sugeriste, con la intención de darles unos minutos para enfocar la discusión hacia una solución: "¿Cómo podemos dar respuesta a la reclamación de la persona que tenemos enfrente?". Pero, como era de esperar, no había manera. Seguían atascados en un bucle interminable de críticas, solo hablaban de lo mal que lo hacía el otro, y cada vez subían más el tono. Así que, en lugar de interrumpir, hice lo que me dijiste: dejar que todo fluyera, que todo se escuchara, aunque casi me dio un infarto al ver cómo la conversación se escurría hacia el caos.

»Cuando pasaron diez minutos (que se hicieron eternos, por cierto), decidí que ya era hora de dar el golpe de efecto. Les pedí que se levantaran y nos apartáramos unos metros de la mesa. Señalé hacia ella, como si no estuviera pasando nada raro, y les dije: "Ahora, por favor, os pido que os pongáis en el puesto de CEO. Hablando con total sinceridad, ¿qué hago con esos dos que no son capaces ni de hablar sin subir el tono, discutiendo sin sacar nada en claro durante todo este tiempo?".

»Te prometo que sentí la vergüenza palpable en el aire. Fue uno de esos silencios incómodos, de esos que se hacen eternos, pero que no duraron más de un minuto. Aunque seguro que para ellos fue como una eternidad. Y, al final, fue Ángela la que rompió el hielo con una intervención brillante. Su voz, calmada y firme, cortó la tensión: "Si yo fuera la CEO, les diría a esos dos que si dos directivos no son capaces de entenderse mínimamente, de escucharse o de hablar sin elevar la voz, están de más en la empresa. O, al menos, en una posición que exige tanta responsabilidad. Me siento avergonzada".

»Increíble, de verdad. No sé si llegué a intervenir mucho después de eso. Quizás con un par de preguntas para que reflexionaran sobre qué compromisos podían asumir para reconstruir la relación. Después de lo que dijo Ángela, Roberto se unió a la reflexión con palabras similares. Y, con una docilidad que me sorprendió, retomaron la conversación en un tono completamente diferente. Había algo en sus expresiones que transmitía un cambio genuino, y pronto llegaron a pequeños (pero significativos) acuerdos sobre cómo mejorar su entendimiento.

»No sé qué va a pasar a partir de ahora, pero te aseguro que el simple hecho de haber vivido esa experiencia ya ha valido más que mil sesiones de *coaching*.

Javier había escuchado con mucha atención. Tenía varias preguntas y diversas consideraciones. Finalmente, optó por la siguiente:

—Y, desde entonces, cuando los has visto interactuar, ¿cómo va respirando esa relación?

—Probablemente eso es lo mejor, Javier —respondió Santi sin dudarlo—. Las pocas veces que los he visto interactuar, ha sido en un tono mucho más respetuoso. Ayer mismo, en una reunión, Ángela defendió la postura de Roberto, que alguien trató de criticar, creo que aprovechando que él no estaba presente, como si confiara en que ella pudiera ser su aliado. Pero nada de eso. Justo ocurrió todo lo contrario. Increíble, no salgo de mi asombro.

—Desde luego, es asombroso. Nada garantiza nada. Pero, por lo menos, les has dado la oportunidad de ver el conflicto desde otro ángulo, y parece que ha servido. Eso dice mucho de ellos. Ahora, vigílalos de cerca y, sobre todo, chequea cómo va la cosa en tus conversaciones individuales con cada uno de ellos.

Santi chasqueó los dedos, a modo de «eureka».

—Justo de eso quería hablar en el tiempo que nos queda. Es algo que me tiene bastante preocupado. No paro de tener reuniones. Llego a la oficina, casi ni me siento, y, además de las que ya tengo programadas, me asaltan todo el día pidiéndome breves espacios para hablar... que luego no son tan breves. Entiendo que es maravilloso, porque significa que estoy encontrando mi lugar, que la gente confía en mí... Si me hubieras dicho al principio que esto sería así, no sé si me lo habría creído. Pero ¿sabes qué? ¡Está pasando! Sin embargo, como te digo, al mismo tiempo, se ha convertido en una auténtica locura. Tengo un montón de responsabilidades y me has pedido que profundice en información y conocimiento... pero, francamente, hay cosas que ni he podido empezar porque el tiempo no da para más.

Javier sonrió, esa sonrisa que Santi ya empezaba a identificar como la de quien sabe que su pupilo ha dado un paso más en su crecimiento, aunque le costase verlo. Era el momento para que el joven directivo saltara a otro nivel en su aterrizaje en la nueva posición. Javier pidió permiso para sacar su portátil y, tras una breve búsqueda, mostró a Santi una imagen de esquema en la pantalla, donde en la parte superior se leía el título: «Modelo de relación».

—Santi, probablemente este reto podríamos haberlo afrontado antes, pero esto no es un proceso de guion estándar. Es un proceso creativo y, como tal, van apareciendo herramientas, reflexiones y recursos conforme van surgiendo las necesidades. No sé si sabes quién era Lee Iacocca, el gurú de la automoción.

Lo que realmente pensó Santi fue: «¿Cuánto le gusta a este hombre sacar el nombre de algún gurú o personaje que no conocía de nada? ¿Lo hará para recordarme que aún tengo mucho que aprender?». Pero prefirió guardar silencio y responder simplemente:

—Creo que nunca he oído hablar de él.

—Estupendo —respondió enseguida Javier—. Pues se trata del padre del Ford Mustang y el que salvó de la ruina a Chrysler.[5] En resumen, todo un referente de liderazgo y de lograr resultados increíbles. Como buen ingeniero cercano a la producción, pasaba mucho tiempo en fábrica, atendiendo las necesidades de la producción y de su personal de confianza. Hasta que tomó consciencia de una realidad. Estar tan a disposición de los demás le limitaba en el tiempo que necesitaba para crecer y hacer crecer a la compañía.

»En una ocasión, parece que dijo algo así como: "Veo más de diez veces al día a cada persona de mi equipo directo, pero ninguna de esas conversaciones sirven para nada más que resolver una urgencia o una duda". Desconozco si esto lo dijo de verdad o no, pero, como reflexión, es fantástica. Y no adivino nada si te digo que creo que te sientes muy identificado con esta frase. Tú y miles de personas directivas o con responsabilidad sobre equipos no sois capaces de administrar vuestro tiempo más allá de apagar incendios. En una ocasión, una directora de operaciones me dijo que su verdadera función en la empresa era ser bombera. Y me consta que no es la única que hubiera firmado esa afirmación.

Santi asentía sin parar:

—Creo que no soy el único que empieza a sentirse identificado con esa afirmación. Veo a mi equipo directivo dando vueltas todo el día. Parece una estación de trenes a punto de salir y todos corren para subirse al suyo, justo a tiempo.

---

5. Iacocca, L. (1985). *Iacocca: El hombre que inventó el Ford Mustang y salvó a Chrysler*. Ed. McGraw-Hill.

—Bien, pues vamos a tratar de racionalizar esto un poco, equilibrando las necesidades operativas del día a día y, al mismo tiempo, encontrando tiempo para la labor táctica y estratégica de las personas con alta responsabilidad, así como para los mandos intermedios.

En ese momento, Javier dibujó en su libreta una pirámide, dividiendo la misma en tres niveles: operativo, táctico y estratégico.

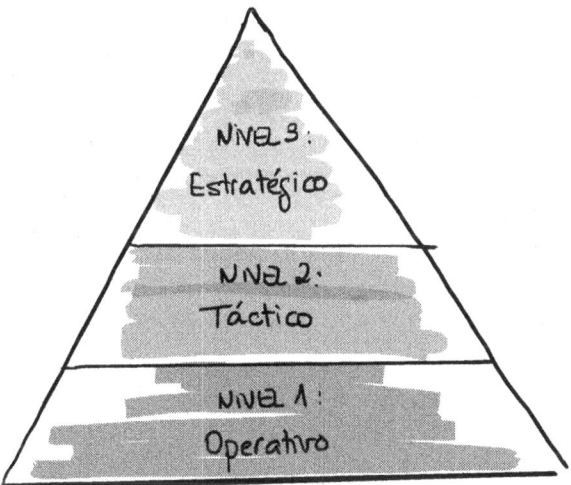

—Empecemos pensando en tu equipo directivo y en ti mismo. Estos deberían ser tres focos debidamente atendidos en la organización de vuestro tiempo profesional, al menos en una ponderación razonable. Sin embargo, suele ocurrir que la parte operativa lo ocupa casi todo, que de vez en cuando somos capaces incluso de encontrar un espacio para hacer un poco de estrategia, casi siempre tiempo insuficiente, y que el tiempo que dedicamos a lo táctico —es decir, a diseñar la forma en que la estrategia impacta con éxito en la operativa— se reduce al mínimo o incluso a la inexistencia. El dibujo de la realidad queda más o menos así:

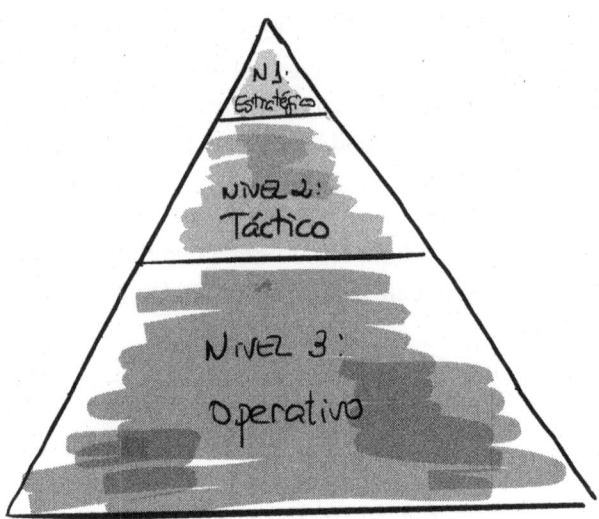

—Buff —resopló Santi—. Si yo me empiezo a sentir identificado, no quiero ni imaginar cómo responderían a esta reflexión los demás directivos; y no solo ellos. Si miramos aguas más abajo, los mandos intermedios deben vivir en una realidad operativa aún más atosigante, y el margen para lo táctico seguro que, por lo que veo, apenas aparece. Lo dicho, nos pasamos el día con atención miope y con muchas dioptrías. Lo que va más allá de la obra en curso lo vemos tan borroso que ni nos fijamos en ello.

Esa analogía le gustó a Javier. Es más, estaba dispuesto a copiársela en el futuro a la menor oportunidad.

—Mejor no lo podría haber definido yo. Atención miope. Y, al mismo tiempo, está en nuestra responsabilidad directiva transformar esa realidad, por más que nos tiente agarrarnos a las excusas habituales: la falta de preparación del equipo, las continuas interrupciones, los clientes..., en definitiva, las urgencias del día a día. No te voy a dar una formación en productividad y gestión del tiempo que, probablemente, sería un buen consejo para ti y para tu equipo. Pero lo que sí voy a proponerte es que diseñes tu modelo de relación y propongas a tu equipo lo mismo. Mira aquí.

En ese momento, mostró a Santi el documento que había encontrado minutos atrás en su ordenador:

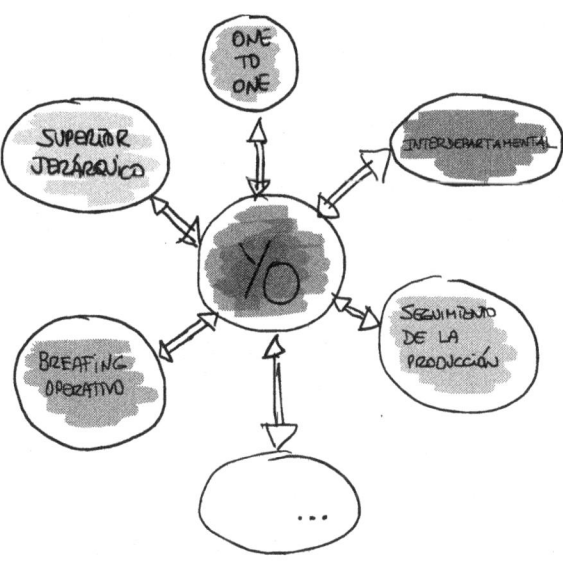

Javier continuó con su explicación:

—En resumen, lo que quiero compartir contigo es que es necesario, por un lado, disponer de espacios continuados donde poder afrontar conversaciones imprescindibles individuales y de equipo, que conduzcan a identificar metas, evaluar resultados, generar confianza, fortalecer las redes de cooperación interna..., en resumen, hacer esa labor, sobre todo táctica, que tanto falta en ocasiones. De hecho, casi te diría que las personas directivas que tienen más éxito son aquellas que han sido capaces de diseñar su modelo de relación adecuado, han sido capaces de asegurar que se mantuviera y lo han aprovechado para darles el contenido para el que se crearon. Un modelo de relación es la estandarización de los espacios de comunicación de equipo e individuales que son necesarios para alcanzar las metas que, a medio y largo plazo, nos proponemos.

»Reflexiona y responde: ¿cuál es tu modelo de relación actual?

Javier dejó tiempo para que Santi reflexionara. Hacía ya algún tiempo que esos momentos de silencio entre ambos habían dejado de incomodarle. Más bien al contrario, los agradecía: le permitían asimilar los mensajes de forma más completa, sin quedarse solo en diagnósticos superficiales.

Por fin, acertó a decir:

—Mi modelo de relación actual..., si hablo de espacios que se repiten, se reduce a los comités de dirección, a los espacios que tengo contigo... y poco más. El resto son reuniones a las que soy convocado o que aparecen de repente. En resumen, no tengo un modelo de relación.

—Ok, pues, si esa es tu realidad, decide qué quieres hacer con ella —le retó Javier.

Santi respiró hondo y fue directo al grano:

—Quiero estar disponible para los demás, pero sin dejar de encontrar los espacios que necesito para mí, para mi equipo directo y para las personas que dependen de ellos. Es decir, creo que necesito espacios *one to one* además de los grupales. No sé qué opinas.

Javier asintió con una media sonrisa.

—Opino que deberíamos pararnos a diseñar una versión 1.0 de tu nuevo modelo de relación, tratar de implantarla y, a partir de ahí, medir qué te aporta, qué sigue siendo un freno y perfeccionarlo hasta que te sientas cómodo. Y también opino que deberías presentarlo al comité de dirección y pedir a cada dirección que haga lo mismo. Tendría poco sentido que esto te ayude a ti, pero que el resto siga en la rueda del hámster.

Santi asintió con determinación. Javier esperó unos segundos y añadió:

—Y, además —continuó Javier—, propondría que todos los modelos de relación se documenten en la herramienta colaborativa de la empresa. Creo que estáis con Notion, ¿no?. Bueno, la que uséis. La clave es que esté accesible y que cada miembro de la dirección, o incluso más gente, pueda consultarlo. De esta forma, no solo aseguramos coherencia y transparencia, sino que hacemos consciente al sistema de la gestión de tiempos y, por supuesto, permitimos y facilitamos que evolucionen con el tiempo.

Santi sonrió.

—Perfecto. Así, cuando alguien me pida «un minuto» que luego dura media hora, podré responderle con elegancia: «¿Está contemplado en mi modelo de relación?».

Javier soltó una carcajada.

—Exacto. O, si te ves con ganas de arriesgar, puedes añadir: «De lo contrario, solicita cita en la herramienta correspondiente».

Santi negó con la cabeza, divertido.

—Mejor no tentar a la suerte..., al menos por ahora. Pues venga, pongámonos a ello.

—Eso es. También recuerda lo que dice David Allen: «Si algo te va a llevar menos de dos minutos... ¡hazlo!».[6] No lo postergues!

»Y, a lo que vamos, Santi. Diseñar, probar, ajustar y mejorar. No hay más secreto. Bueno —dijo Javier levantando la mano—, sí... hay un truco más.

—¿Cuál? —El joven tomó el bolígrafo para seguir apuntando en su cuaderno de bitácora...

—Si algún día notas que todo fluye sin esfuerzo, sin interrupciones y sin incendios de última hora... algo raro está pasando. O es festivo, o has venido un sábado sin darte cuenta.

6. Allen, D. (2008). *Organízate con eficacia: el arte de la productividad sin estrés*. Ed. Empresa Activa.

PROBLEMAS CON EL MODELO
DE RELACIÓN

«Buenos días, Santi:

»Aunque te escriba este correo tratando de dar una primera respuesta a la necesidad que me transmites en tu audio, no dudes que vamos a encontrar pronto otro momento en el que podamos compartir en una conversación buena parte de lo que aquí te expongo. En cualquier caso, y teniendo en cuenta la distancia a la que nos encontramos en estos días (por cierto, no te haces una idea del frío que hace hoy en Valladolid) y las dificultades mutuas de gestión de agenda, creo que al menos puede ayudarte este formato asíncrono para dar algunos pasos que consoliden tu modelo de relación y hacerlo útil.

»Ahí van tres consideraciones:

»1. Como ya decía el documento que resumía los requisitos que debía cumplir cada espacio que implantes, sin un orden del día o un guion establecido a seguir van a perder mucha fuerza y, sobre todo, utilidad y eficiencia. Si la sensación, especialmente en los *one to one*, es de "a ver de qué hablamos" es que has hecho caso omiso a lo que te indiqué. Para este primer espacio con cada miembro del comité de dirección, que has dicho vas a ejecutar bimestralmente, te propongo el siguiente guion:

- Confirmación de que no hay ningún asunto urgente que atender en este espacio, o atención inmediata a alguno, con tres opciones: actuar, planificar o delegar.
- Evaluación exprés: que cada uno traiga un titular que resuma su percepción del bimestre recién cumplido. Como, además,

estáis implantando la metodología OKR,[7] que me parece un acierto, habrá muchos elementos para evaluar a todos los niveles: resultados, operaciones, equipo, personas...

- Evaluación detallada: en formato 360 y con semáforo. Es decir, que aparezca un *feedback* generoso, valiente y comprometido. Más allá de los OKR, que cada uno acuda a la reunión con lo que ha visto del área de responsabilidad de esa persona directiva a todos los niveles, y que lleve anotada su percepción en tres apartados:

  ✓ Verde: lo que creo que está funcionando realmente bien y por lo que hay que incluso felicitar.
  ✓ Amarillo: punto de atención que, sin ser un problema, es bueno compartir e incluso atender.
  ✓ Rojo: algún punto de bloqueo o asunto que no esté funcionando, persona sobre la que abrir una conversación porque es un tema que ocupa..., incluso aunque una de esas personas seáis vosotros mismos.

- Retos y compromisos. Sobre lo anterior, alimentad un buen debate y compartir los retos que aparecen de cada color del semáforo y llévatelo a las 3W: *What, Who, When*, y los registráis.
- Cocina. Ya te explicaré lo que es la cocina.

»Con este guion bien gestionado debes cumplir el requisito de máximo sesenta minutos que te habías marcado y creo que, conforme vaya rodando, generarás un espacio que te va a ayudar a ir creciendo en conexión y confianza con cada miembro del equipo directivo.

»Debes diseñar un guion, similar o no, para cada espacio que decidiste implementar en tu modelo de relación. Piensa, prepara un borrador para cada uno y lo comentamos.

1) Para los espacios de equipo, tampoco me extraña que, ahora que estén arrancando, os esté ocurriendo lo que me comentas. Se empieza

7. Doerr, J. (2018). *Mide lo que importa: cómo Google, Bono y la Fundación Gates cambian el mundo con OKR*. Ed. Empresa Activa.

más tarde de lo previsto, unos responden una llamada y otros silencian el teléfono, a veces no queda muy claro en qué habéis quedado cuando se pasa de un punto del orden del día a otro, otros ni abren la boca en toda la reunión... nada nuevo. Y, al mismo tiempo, es algo que hay que atacar para darle solución, o, al menos, introducir algunas herramientas que os puedan ayudar a que de verdad esas reuniones de equipo sean un lugar donde se inyecte inteligencia y resulten eficientes.

»Para eso, te propongo que implantes cuatro recursos (además de tener claro el guion de cada espacio, como te dije en el punto anterior):

- ✓ Reglas
- ✓ Roles
- ✓ Tiempos
- ✓ Registrador de compromisos

»Vamos a analizarlas una por una:

»Las **reglas** son las normas que el propio equipo crea, implanta y se autoimpone, porque entiende que deben estar presentes mientras se desarrolla la reunión, ya que facilitan que la reunión tenga la fluidez, atención y eficacia necesaria. Las reglas son un organismo vivo. Es decir, que, si entendéis que alguna no funciona, se cambia. O si consideráis, que otra ya no hace falta porque siempre se cumple por sistema, se elimina. Y, por cierto, yo promovería que se acuerden en conjunto (no las impongas tú) y las dejaría escritas en algún documento sobre la mesa.

»Te paso un ejemplo de 10 reglas que crearon en otra empresa cliente, y que me parecen un muy buen ejemplo de normas que ayudaron a que, en esa organización, las reuniones empezaran a mejorar considerablemente. Al menos, ese fue el *feedback* que recibí.

Ejemplo de 10 reglas:

1. Puntualidad: se permite un retraso de dos minutos. En caso de incumplimiento, la persona infractora pagará un euro. El dinero se destinará a comprar pasteles los viernes para el personal que no forma parte de este equipo.

2. <u>Presencia</u>: está prohibido tener el teléfono con sonido. No se atenderán notificaciones o llamadas, salvo que alguien lo exponga al comenzar la reunión por un asunto que sea aceptado por los demás como realmente urgente. Si la reunión es virtual, la cámara debe estar encendida.

3. <u>Toma de decisiones</u>: un equipo es un grupo de personas que se ha puesto de acuerdo en cómo ponerse de acuerdo cuando no está de acuerdo. La persona responsable del equipo determinará por cada asunto si:

   ✓ Es un tema que debe decidir la persona que lidera y precisa opinión.
   ✓ Es un asunto de equipo y, por lo tanto, se busca el consenso
   ✓ Es una cuestión técnico y se designa al miembro del equipo más cualificado, que también recabará opinión de los demás participantes

4. *Quorum*: el mínimo de asistentes para celebrar la reunión será, incluyendo al CEO, del 75% del número de personas convocadas.

5. <u>Participación</u>: no se permite la no participación de una persona en la reunión. Puede declarar que no aporta una opinión diferente al debate, pero todas las personas deben contribuir con algo a la misma.

6. <u>Dinámica rompehielo</u>: al inicio de cada reunión, se le asignará a una persona que traiga un vídeo, ejercicio, anécdota... que ocupe menos de cinco minutos, y nos ayude a "aterrizar" en la reunión, y alejarnos mentalmente de la operativa que nos espera fuera.

7. <u>WWW</u> (*What, Who, When*): no se pasa a otro asunto hasta que no quede acordado y registrado el Qué, Quién y Cuándo del asunto que finaliza.

»Ejemplo de registrados de compromisos básico:

REGISTRO DE COMPROMISOS

nº	QUÉ	QUIÉN	CUÁNDO	ESTADO	OBSERVACIONES
1					
2					
3					

8. Un solo uso de palabra: cuando una persona está hablando, se la escucha. Quedan prohibidas conversaciones paralelas.

9. Soporte de datos: los asuntos a debatir deben estar siempre soportados por datos que serán presentados de forma visual para que el equipo pueda disponer de la información que precisa para debatir y decidir, si procede.

10. Cocina: los últimos cinco minutos se utilizarán para "hacer cocina".

»Los **roles** tienen la intención de no convertir a la persona responsable en el hombre o la mujer orquesta. Ya me has dicho que apenas te da la vida cuando intentas anotar los acuerdos, tus propias notas, controlar el tiempo, etc. Todo no lo puede, ni debe, hacer una sola persona. Por eso, te invito a que implantes que siempre haya una serie de roles repartidos en cada espacio de reunión, entre las personas presentes.

»Algunos de estos roles pueden ser:

✓ Registrador de compromisos
✓ Controlador de tiempos
✓ Moderador/cumplimiento de reglas
✓ Animador inicial

»Finalmente, es muy importante prestar atención a los tiempos. Igual que te dije en el espacio anterior, en los *one to one,* y más si cabe cuando se trata de una reunión de equipo, es fundamental la gestión de los tiempos. De hecho, siempre deben tenerse previamente asignados los microtiempos asignados a cada cuestión que se va a tratar. Y que haya una persona designada para medir cómo se está cumpliendo ese compromiso horario, no tanto para penalizar si se incumple, que también, como para hacer responsable al equipo del incumplimiento, y que sea el propio equipo, o la persona responsable, quien rediseñe los tiempos de asignación o tome las determinaciones oportunas. La preasignación y el control *ontime* son necesarios, y, en la medida de lo posible, contribuyen a ganar en eficiencia en este tipo de espacios.

»Te animo, os animo, a que consideréis la implantación de estos tres recursos. Ya verás cómo os ayudan a mejorar la atención y productividad de unos espacios que deben ser muy productivos. Una vez, una CEO me dijo: "Javier, cada vez que reúno al comité lo que veo es mucho dinero en la mesa de reuniones. Necesito que me ayudes a que seamos muy eficientes". Pues eso, cuando tu comité se reúne, entre sueldos, nivel económico de las decisiones, etc., lo que seguro que hay es "mucho dinero en la mesa". Muchos comités de dirección tienen la responsabilidad de ser mucho más eficientes de lo que habitualmente son.

»2. Por último, sí me gustaría lanzarte algunas ideas-fuerza, para que, por favor, las tengas muy presentes en estos espacios de comunicación, que son claves desde mi punto de vista, para que vayas consolidando tu liderazgo. Y me estoy refiriendo a que utilices los propulsores que están a tu alcance para que tu liderazgo sea de verdad inspirador. Hay muchos, pero me decanto por enumerarte tres:

1. La confianza. No hay relación humana que funcione sin confianza. Es imposible. O, si me apuras, es posible, pero resulta desgastador. ¿Y cómo se gana la confianza? Hay mucha literatura al respecto. Yo me quedaría con tres valores que te invito a que estén muy presentes en tu "manera de hacer":

   ✓ La autenticidad. Muestra lo que ves y lo que no, cómo te sientes ante una situación concreta. Y, como ya hemos hablado, que aparezca tu vulnerabilidad cuando consideres que lo necesitas y que pueda ayudarte.
   ✓ La empatía. Sé que de esto andas sobrado. Sigue atento al momento vital de la otra persona. Y que se note que, en efecto, te pones en su lugar, y "te quitas tus zapatos para ponerte los suyos".
   ✓ La fiabilidad. Me da igual que falles, pero, si te comprometes a algo, haz lo posible por realizarlo. No hay nada

más desmotivador que alguien que no se esfuerza en rectificar cuando yerra.

2. El reto. Que tus conversaciones estén orientadas a que la persona que tienes frente a ti se levante de la charla con una nueva meta que, más allá de la incomodidad que pueda sentir, incluso pueda habérsele encendido la llama de la ilusión.

3. El *feedback*. Lo sé, soy el rayo que no cesa. Pero es que me parece una de las herramientas más transformadoras que existen en la gestión de personas. A partir de encender la llama, con el *feedback* lo que hacemos es soplar las brasas para que el fuego siga vivo. Y, siempre que sea posible, trata de que el reconocimiento positivo esté muy presente en esa retroalimentación. No nos pasemos la vida señalando lo que no funciona. Destacar el logro tiene un superpoder incalculable.

»3. Bueno, y. para terminar, no me olvido —incluso hasta diría que es otro propulsor— de explicarte qué es la cocina, que he mencionado un par de veces entre los recursos anteriores para potenciar tu modelo de relación. Verás, llamo cocina al "momento emocional" de cualquier espacio entre personas. Normalmente, cuando nos reunimos en familia, o al menos a mí me ocurre, los momentos más emocionales, los que recuerdo más especiales, tienen lugar en la cocina, mientras estamos preparando la comida, comenzando con los aperitivos o sentados en un taburete compartiendo un pequeño *ristretto* cuando hemos terminado el almuerzo. Ahí se suelen tener conversaciones muy potentes. Aparece eso que un hermano o una madre quiere comentarnos y para lo que no encontraba el momento adecuado.

»Para mí, la cocina es el "momento emocional" que debe aparecer al final de la reunión de equipo o individual. Consiste, en resumidas cuentas, en dedicar los últimos minutos del espacio compartido para que, de manera voluntaria, la persona que quiera pueda decir al resto de los presentes cómo se ha sentido durante la reunión, ahora que ya se ha acabado. No se puede, por lo tanto, hablar del contenido de la reunión, solo de cómo me he sentido y cómo me levanto de la misma. Hay veces que me levanto con un sentimiento positivo respecto a algo que ha ocurrido, o respecto a alguien a quien quiero destacar, y no lo hago por el motivo que sea. También ocurre lo contrario. Me levanto a disgusto con alguna intervención, con el clima que se ha vivido... y tampoco lo digo.

Los equipos que implantan la «cocina suelen convertirla en una herramienta permanente, al menos esa es mi experiencia, porque entienden el valor que tiene para saber cómo se levantan las personas de la reunión que acaba de finalizar, más allá del contenido de la misma. No solo decir lo que sientes: escuchar cómo se han sentido en la reunión los demás es una información valiosísima, como toma de temperatura del estado de ánimo del equipo.

»Y, por cierto, en la cocina no se contesta. No creo que sea sano que, si alguien manifiesta una emoción concreta, otro se la pueda discutir, matizar o reprochar, porque, con toda probabilidad, entonces, se cuidará mucho de volver a manifestarla. Simplemente, se agradece.

»Te pongo dos ejemplos. En una reunión de equipo de producción de una empresa aeronáutica, en la cocina, uno de los miembros quiso felicitar a una compañera por su intervención. Le había parecido brillante y quería reconocérselo. En otra, uno de los participantes de la reunión finalizada manifestó en la cocina que se había sentido incomodísimo cuando el jefe de equipo había interrumpido los tres debates que se habían abierto, zanjado los asuntos con "decisiones sumarias" (*sic*). Ambas intervenciones, para mí, fueron valiosísimas y tuvieron un efecto positivo en cada realidad.

»Por último (te lo prometo), estaría muy bien hacer una evaluación continua de estos espacios, utilizando la estadística, qué se yo, trimestral o cuatrimestralmente, por ejemplo. Te voy a proponer utilizar cualquier aplicación (hay muchas, un simple Google forms sirve) para que vayas pidiendo una evaluación cuantitativa de esos espacios de comunicación, desde la perspectiva de quien los recibe. Por ejemplo, vamos a empezar por los *one to one*. Que cada persona pueda rellenar, en menos de dos minutos, un brevísimo cuestionario donde evalúe su utilidad y su grado de satisfacción.

»Se trata de trabajar con datos, y para eso necesitamos cierto recorrido, ¿ok? Ya verás cómo de útil nos resulta esa mirada estadística.

»En fin, Santi. Comencé este largo correo a las 20:32 y son las 21:17. Voy a cenar algo y a descansar un poco. Espero que toda esta información pueda ayudarte, ya me contarás porque en breve nos veremos. Por cierto, prepárate porque cuando nos veamos te daré un regalo muy valioso.

»Tengo una carta para ti.

ANTES DE LA CARTA

—Hola, Javier. ¿Cómo estás? Casi no voy a dejar que te sientes sin empezar a contarte cosas. Un montón. Y, al mismo tiempo, me dices que tengo una carta... no sé muy bien a qué te refieres, pero, como cada vez que nos vemos me llevo siempre alguna sorpresa, no voy a ponerme a elucubrar. Simplemente, me pongo en tus manos.

—Hola Santi. Un poco nervioso, ¿no? Me gusta verte con esta adrenalina. Pero, si te parece, mejor vamos a paso a paso. Lo primero, estoy muy bien. ¿Y tú?

—¡Perdón, perdón! —se disculpó atropelladamente Santi—. Ya es raro en mí, pero soy puro nervio en estos momentos. ¿Cómo nos organizamos? Quiero exprimir cada minuto que tengamos hoy.

—Bueno, celebro tu entusiasmo. Entonces, vamos por partes, como diría Jack el Destripador —bromeó Javier, un poco abrumado por el estado de ánimo de su cliente, y tratando de aclimatar el tono para generar un poco de sosiego en el ambiente, sin perder el buen humor—. Creo que podemos dividir la sesión de hoy en dos apartados. El primero, que me hagas un balance de cómo ha ido estas dos semanas. Pareces ansioso por compartirla conmigo, y más habiendo tenido que retrasar unos días más de lo previsto nuestro encuentro. ¿Qué te parece si lo hacemos en formato semáforo? Así vamos utilizando una herramienta que te propuse implementar y que no sé si lo estás haciendo. Y, después, necesito unos treinta minutos, o algo más, para entrar en ese terreno de la carta que te adelanté el otro día. ¿Qué te parece?

—Me parece perfecto, por supuesto. Sí que he implantado el semáforo, lo único que te pido entonces es que me des cinco minutos, máximo diez, para ordenar mis ideas siguiendo el esquema que me propones. ¿Ok? Ahí tienes la cafetera, por si quieres un café mientras lo preparo.

Javier se levantó para prepararse un *espresso* y, mientras lo hacía, observaba la diligencia con la que Santi se disponía a realizar su tarea. Le seguía produciendo una profunda admiración la evolución que el joven estaba viviendo desde que comenzó el proceso. Recordaba a aquel chico muerto de miedo, con el que no sabía a ciencia cierta si habría un segundo encuentro. ¡Y vaya si lo hubo! Una vez más, la vida le hacía otro regalo y le demostraba que cualquier creencia boicoteadora tiene de cierto, para empezar, lo que cada persona quiera que tenga de cierto. Someterlo a la prueba de la realidad le demostraba que el talento aparece en cuanto se quitan un par de capas que no dejan ver la grandeza interior. Y Santi era un gran ejemplo de ello. ¿Dónde estaba el límite de aquel muchacho? Ni idea, pero, sin duda, bastante lejos del punto de partida, y seguro que del momento presente.

—Hecho —dijo por fin Santi al cabo de unos quince minutos.

—Perfecto, pues soy todo oídos.

Javier se sentó, y se dispuso a escuchar a su *coachee,* mientras este se levantaba y se dirigía a la pizarra que había en la sala.

—Voy a ir anotando en la pizarra cada punto, siguiendo el orden del semáforo. En primer lugar, voy a empezar por el verde, que además es lo primero que me ha venido a la cabeza.

Anotó en la pizarra tres puntos:

VERDE:

- Roberto
- Modelo de relación
- Cocina

—En primer lugar, he anotado a Roberto porque, de verdad, este hombre no deja de sorprenderme. Te podría decir que cuando comencé con mi nueva función, le temía. Mi relación con él era escasa y distante y, además, su fama de tipo duro le precedía. De hecho, en una ocasión le hice una sugerencia muy *light* sobre algo relacionado con el modelo *Lean* que estaba aprendiendo en el máster, y que me parecía superinteresante, y casi sin mirarme a los ojos me contestó: «Como dicen en Perú, no te metas en mi finca». Me dejó tan absolutamente cortado que no tuve el valor siquiera de decirle nada más. Solo pude desaparecer de la conversación.

—¡Jaja! Sí, me cuadra una respuesta así de un perfil como el de Roberto.

—Bien, pues al hilo de mi modelo de relación, he comenzado con los *one to one,* y, cuando llegó el turno de Roberto, para mi sorpresa, venía con una libreta repleta de asuntos que compartir. Y lo más sorprendente fue que me dijo: «Santi, te pido ayuda con una cuestión que sé que debo mejorar desde hace años, pero sobre la que, hasta ahora, en primer lugar, no he sido capaz de reconocerla como problema. Y, en segundo lugar, siempre he pensado que esto viene de serie y que, por lo tanto, no puedo hacer nada. Pero, como te estoy viendo, acompañado por ese *coach* o como se llame, y como parece que ahora hay nuevas formas de hacer las cosas, te lo pongo encima de la mesa para que me ayudes, si puedes. Mira, yo soy una persona muy frontal. Créeme, si me conocieras de verdad, soy una persona muy fiel y tengo mi sentido del humor, pero yo soy de los de las cosas claras y el chocolate, espeso. No soy un hipócrita, y creo que, si debo decir las cosas, las digo. Por eso mi relación con tu madre siempre ha sido clara. Hemos tenido nuestros más y nuestros menos, pero creo que nos entendemos bien. Dicho esto, sé que a veces me paso y que, a lo mejor, soy un poco brusco en la forma de decirlas. No creo que con la edad que tengo pueda hacer mucho pero, bueno, si puedo mejorar......

Javier aprovechó la pausa para abrir las manos y lanzar un rápido:

—¡Qué bueno, Santi! Me parece maravilloso! Y dice mucho de alguien como él.

—¡Sin duda! Me pareció increíble la muestra de confianza y que me pidiera ayuda. La verdad es que, en aquel momento, me sentí un poco presionado y traté de darle alguna respuesta, recurriendo a cosas que te he escuchado, que he leído... pero, al final, me di cuenta que no soy la Wikipedia y no puedo dar respuestas certeras en cinco segundos sobre algo que no esperaba, y sobre lo que es seguro que no tengo el conocimiento adecuado. Así que le hice una propuesta. Iba a buscar algunas cosas que ya tenía localizadas y también le dije que te iba a pedir ayuda. ¡Y espero que de verdad puedas ayudarme!

Javier contestó a toda velocidad:

—Cuenta con ello. Te pasaré tres cosas. —En ese momento, Javier se levantó y anotó, junto al nombre de Roberto, con un rotulador de distinto color:

- ✓ Lectura: sinceridad y sincericidio
- ✓ Evaluación: autodiagnóstico + *feedback*
- ✓ Seguimiento: hoja de seguimiento diario

Y continuó, dirigiéndose ahora a Santi:

—Te pasaré una oportunidad de aprendizaje en forma de lectura rápida sobre la diferencia entre ser sincero y ser sincericida, que es una expresión con mucho contenido. Por otro lado, le ayudarás a identificar cuáles son los gestos, las expresiones o los tonos que pueden causar más incomodidad y que a él mismo le hacen llegar a esa conclusión de brusquedad, con dos herramientas, una de autodiagnóstico y otra de petición de *feedback* a sus colaboradores, ambos específicos sobre su forma de comunicarse con los demás.

»Cuando tenga estas dos primeras cuestiones hechas, te vuelves a sentar con él y le ayudas a ponerse metas concretas, sustituyendo el comportamiento limitante concreto por otro impulsor. Y, para que se mida en su progreso, te enviaré también una hoja de control de entrenamiento, que no deja de ser una puntuación diaria, que está formulada para que le vaya saliendo la media semanal, mensual... y que él mismo pueda ver si la flecha va para arriba, se mantiene o incluso involuciona. Como punto de partida, me parece suficiente. Y, como evidencia de ir ganándote la autoridad, me parece espectacular, debes estar muy orgulloso.

—Pues sí, la verdad. No me lo creo aún, pero parece que, al menos, estoy empezando a conseguirlo.

—Genial. ¿Qué más?

No le hubiera importado a Santi recrearse un poco más en lo que consideraba todo un éxito, pero también entendió que entre alegrarse y regodearse puede haber cierta distancia, así que continuó con los otros dos puntos verdes.

El primero hacía referencia a la implantación de su modelo de relación, que se estaba llevando a cabo con bastante disciplina, y que calificaba como un «antes y un después».

Javier solo señaló con serenidad:

—Me parece un poco excesiva la expresión, pero bueno. Admiro tu entusiasmo, pero aplícale un poco de mesura. Los modelos de relación son en sí mismos canales. No la solución a los problemas. Son un medio, no un fin. Es importante evaluar qué se está logrando a través de los espacios creados y cómo va fluyendo la comunicación. Enhorabuena por el paso de emprenderlo, y vamos paso a paso. Por cierto, ¿has dado la instrucción de pedir lo mismo al resto del comité de dirección?

Santi esperaba un poco más de reconocimiento. Y, en cierto modo, le incomodó tener que admitir que no lo había hecho:

—Bueno, aún no. Sé que me pediste hacerlo. Pero, como tú mismo dices, paso a paso, ¿no?

—Pues sí, paso a paso, y este a lo mejor ya podría haberse dado. Te invito a que no tardes en pedirlo. Se trata de ir incorporando herramientas al sistema, no solo a tu forma de dirigir. El objetivo tiene más que ver con implantar un estilo corporativo que con una forma de hacer exclusivo del nuevo líder. Recuerda que la meta es hacer que el modelo funcione más allá de ti. No busques la exclusividad. Encuentra la forma de ayudar a ser mejor a los que ya de por sí, por cierto, son muy buenos.

Ahora el joven directivo notó que transitaba de la incomodidad a sentirse molesto.

—No busco el aplauso, Javier. Simplemente, no he tenido tiempo.

—Genial. ¿Cuándo lo vas a encontrar?

—En breve, descuida.

El silencio se apoderó de la sala durante unos segundos que parecían eternos, y que Javier no estaba, en modo alguno, dispuesto a romper. Por fin, fue Santi el que lo hizo:

—La verdad es que no lo he hecho porque no me veo delante de un comité con gente tan experta y madura diciendo lo que es un modelo de relación y dándoles instrucciones para implantarlo. Una cosa es que yo lo haga como parte de mi proceso de aprendizaje, y otra es dar órdenes.

Nuevo silencio interminable. Esta vez fue Javier, quien, tratando de aportar cierta dulzura a su mensaje, miró a Santi, le invitó a sentarse con un gesto y le dijo:

—Bien, Santi, aquí parece que hay algo que debemos trabajar. Permítame que lo llame incluso un limitante a tu desarrollo directivo. Es probable que, por supuesto, con muchas incomodidades, hasta ahora hayas estado navegando en aguas en las que, a pesar de todo, no te has sentido incompetente. Sin embargo, cuando aparece la oportunidad de utilizar la directividad, el poder, también como medio más que lícito para ir logrando las metas, ahí sí que te sientes más incapaz. ¿Cómo lo ves?

—Si huele a café, sabe a café y está en una taza, para mí es café —respondió Santi, señalando la taza vacía que había sobre la mesa—. Creo que está claro que se trata de que tengo miedo. Ni más ni menos. Ya que puedo ser sincero, no se me ocurre otra palabra que defina mejor cómo me siento solo al pensar en la escena de estar delante de todos imponiéndoles que implanten mi modelo de relación. O cualquier otro asunto, por cierto.

—Bien. Aquí tenemos un nudo gordiano de este acompañamiento y de tu proceso. Diría que incluso uno de los retos más importantes del proceso. Decía Emerson, un filósofo, que el elemento que más batallas ha ganado al ser humano es el miedo. Y me parece una frase brillante y con la que merece la pena trabajar. Porque Emerson hace referencia a las batallas que gana sin que se dispare una sola bala o se desenvaine una sola espada. Todo es una construcción mental de nuestro cerebro. Es, en resumen, una emoción. Y creo que merece la pena que le dediquemos tiempo, atención y trabajo. Y más en tu caso, que tienes un «quiero» y un «para qué», aunque aún, en este aspecto, no encuentras el «cómo».

»Seguramente, puedes interpretar ese reto como un grueso y alto muro, infranqueable para ti. Bien, vamos a recorrerlo un poco, quizás encontremos algunas puertas, y hasta, a lo mejor, descubres que tienes un llavero con algunas llaves. Eso sí, encontrar esas puertas y esas llaves implica salir de lo que ya sabes que se llama la zona de confort que, en este caso, es resignarte a tu creencia limitante: "no soy capaz".

»Lo que te voy a proponer tiene que ver, en primer lugar, con trabajar desde la fe, entendida la fe como la certeza de que algo es posible sin verlo aún.

»Y, en segundo lugar, necesito que vuelvas a dudar de cómo te defines, en especial respecto de tu conversación interior. De esa etiqueta que da la respuesta a "quién eres, cómo eres". Al menos comencemos a hablar de cómo "estás siendo", como ya hemos comentado alguna vez. El tiempo verbal importa e influye, ya que te invita a salir, en tu propia autodefinición, del convencimiento de la inmovilidad. "Yo soy" lleva en cierto modo implícita la afirmación "y siempre seré". Y no es cierto. Como no es cierto un axioma científico que aparece en cientos de libros más que respetables sobre que durante los primeros siete años de vida se determina la personalidad. Si eso fuera así, yo no me dedicaría a lo que me dedico. Que pueda condicionarla, sin duda. Que la determine, en absoluto. O, al menos, vamos a ponerlo en duda.

»No soy un hombre de contar fábulas, pero sí quiero compartir una contigo. Cuentan que, en cierta ocasión, una reina pasó con su carroza entre su pueblo y, en las afueras de la ciudad, encontró un hombre dormido que, por su aspecto, debía ser muy pobre. Entonces, a la reina se le ocurrió algo. Deslizó desde uno de sus dedos un anillo con una piedra preciosa y lo dejó en uno de los bolsillos de aquel hombre. Mientras la carroza reanudaba su marcha, la reina pensaba en el gran regalo que le había hecho a aquel desconocido, y la gran sorpresa que se llevaría al descubrir que ahora dejaría de ser pobre para ser rico. Al cabo de los años, la reina volvió a pasar por aquel lugar y volvió a ver a aquel hombre, un poco más viejo, pero con el mismo aspecto de entonces. La reina no lo entendía, se bajó del carruaje y se dirigió a él, pidiéndole explicaciones sobre por qué seguía allí y por qué continuaba vistiendo esos harapos. "¡¿Pero qué has hecho con mi regalo?!", gritó en tono de riña. "¿Qué regalo?", respondió acobardado el mendigo. "¡La piedra preciosa que te guardé en el bolsillo hace años!". Entonces, sorprendido, el hombre rebuscó entre sus bolsillos, y la encontró. Miró a la reina y solo acertó a responder: "Jamás se me habría ocurrido buscar nada aquí".

»Esto mismo nos ocurre en demasiadas ocasiones a algunos seres humanos. Nos vestimos de mendigos, y compramos nuestra pobreza, en este caso de espíritu. Lo que yo te propongo es transitar desde esa imagen de mendigo incapaz hasta encontrar la piedra preciosa. Y para ello, para que cambies tu interior, debes hacerlo desde el exterior, desde cómo te comportas en tu día a día, en este caso en la empresa ante este tipo de retos.

»El primer paso es querer hacer ese recorrido. Lo segundo, que te des legitimidad. Si me permites la expresión simple, es "normal" que te quieras proteger, que quieras tener una valoración externa positiva, que no quieras ser señalado de manera negativa..., para eso está nuestro ego, que tanto daño hace, pero que de forma inevitable está presente. Es lógico que te quieras "quedar aquí" y, al mismo tiempo, te invito a acompañarte a abrazar la aventura, a vivir en el vértigo, que no bloquea como el miedo, sino que ya empieza a caminar desde la incertidumbre, acompañada de la oportunidad y del aprendizaje. Lo más difícil es comenzar el camino.

»¿Te atreves?

La presencia de Javier se había difuminado. Santi solo estaba consigo mismo. Había encontrado una parte de su propia raíz, y estaba observándola. Con curiosidad, con serenidad, con paz. Imaginaba una mano tendida ofreciéndole sujetarse en ella para afrontar una nueva senda. Sintió que la agarraba con fuerza, mientras decía:

»¿Qué hay que hacer?

Esta vez fue Javier quien se levantó y se acercó a la pizarra. Escribió los números del 1 al 5 en vertical. Y, junto al número 1, definió el plan:

1) Deseo latente (la idea existe, pero que no tiene estructura ni peso real):
   «Superar el miedo a verme pequeño. Desarrollar mi capacidad de utilizar la directividad con el equipo».

2) Plan consciente (de la intención a la acción concreta):
   «Convocaré al equipo directivo esta misma semana para una reunión monográfica sobre el modelo de relación. La agendo ya».

3) Incomodidad necesaria (la incomodidad de la primera vez es el precio del crecimiento):
   «Preparo la reunión con mi propio modelo de relación. La expongo, experimento la tensión, pero también los primeros logros. Identifico dónde fui capaz de fluir y dónde me costó más».

4) Descubrimiento transformador (el aprendizaje deja de ser solo teoría y empieza a formar parte de mí):
   «Analizo con Javier la experiencia. ¿Qué he aprendido? ¿Cómo me hace sentir? ¿Qué ha cambiado en mi percepción de mí mismo? ¿Dónde me siento más sólido?».

5) Maestría natural (el cambio ya no es esfuerzo, es identidad):
   «Reitero el proceso hasta que la directividad no sea algo que "hago", sino algo que "soy". Me apoyo en cada oportunidad para fortalecer mi nueva forma de liderar. Ya no hay marcha atrás».

EL CAMINO HEROICO

Javier se alejó un paso de la pizarra, dejando que Santi asimilara lo que tenía frente a él. Recorrió el camino propuesto con la mirada. Cada punto, cada paso. No era imposible. Difícil, sí. Incómodo, sin duda. Pero no imposible.

—¿Sabes qué es lo más curioso de tu historia de la reina y el mendigo? —dijo Santi de pronto, sin apartar los ojos de la pizarra.

—Dime.

—Que el tipo tuvo la piedra todo el tiempo. Estaba ahí. En su bolsillo. No tuvo que ganársela, ni pedirla, ni esperar a que la vida se la diera. Solo tenía que meter la mano y sacarla.

Javier sonrió.

—Exacto.

Santi resopló, como si acabara de aceptar algo inevitable.

—Pues venga. Vamos a meter la mano en el bolsillo.

—Me gusta esa actitud.

—Pero si al final resulta que lo que tengo es un agujero y la piedra se cayó hace tiempo, me debes un café.

—Trato hecho. Pero te adelanto algo, Santi: lo que vas a encontrar no es una piedra. Es tu propia mano. Y, créeme, es mucho más poderosa de lo que piensas.

Santi esbozó una leve sonrisa. La de alguien que seguía descubriendo el poder de la elección.

EL PUNTO ROJO

—Javier, te agradezco que durante el almuerzo no hayamos hablado de nuestro proceso. Después de las reflexiones de esta mañana, necesitaba que mi cabeza dejara de centrifugar un rato. Me ha venido bien desconectar. —Hizo una pausa antes de continuar—.También te agradezco que hayas pospuesto eso que llamas «la carta» para mañana y que hayas encontrado un hueco en tu agenda para abordarlo. Hoy, sinceramente, necesito consumir nuestro tiempo en el único punto rojo que tenía anotado..., o, al menos, en el que creía que era el único. Luego me he dado cuenta de que había otro muy gordo. Has hecho bien ayudándome a no detenerme en exceso en los puntos verdes y amarillos.

Santi se incorporó y caminó hacia la pizarra con gesto decidido. No estaba seguro de si había algo que realmente pudiera hacerse con aquel tema, pero sabía que era importante ponerlo sobre la mesa. Para él, había sido un momento de bloqueo. Y, cuando se bloqueaba, solo veía una salida: abordarlo de frente.

Tomó el rotulador y escribió, sin más rodeos:

MAMÁ

Javier enarcó las cejas. No dijo nada. Solo esperó a que Santi ordenara sus pensamientos y comenzara a hablar.

—Esta semana, mi madre ha pasado por las oficinas —empezó diciendo, sin apartar la vista de la palabra en la pizarra—. Entre que es toda una institución en esta casa y que ella misma se encarga de hacerse notar, mientras ha estado aquí, yo he sido del todo invisible.

Se volvió hacia Javier y alzó las manos en un gesto de resignación.

—Entiendo que es quien es, pero su presencia lo ocupa todo. Diluye la mía por completo. Desde que llegó, he visto cómo algunas personas se acercaban a preguntarle cosas de gestión cotidiana, cosas que deberían preguntarme a mí o a cualquiera de los responsables. Y ella, ni corta ni perezosa, ¡se ha puesto a responderlas! Por un momento, sentí que habíamos retrocedido en el tiempo y que la única CEO de esta empresa seguía siendo ella. ¡Y qué cómoda se la veía en su trono!

Inspiró hondo antes de continuar.

—Pero lo que de verdad me ha matado ha venido después. Andrea le hizo mención sobre un asunto que había tratado antes conmigo. Yo ya había dado una indicación clara sobre el tema. Pero cuando mi madre escuchó lo que había dicho, sin despeinarse y delante de mí, simplemente dijo: «¿Eso ha dicho Santi? No, no, mejor hacemos esto otro». Y sobre la marcha dio nuevas instrucciones.

Hizo una pausa y dejó caer los brazos.

—Como si yo no fuera nadie, Javier. Me dejó a la altura del betún.

Hizo una pausa y negó con la cabeza.

—Incluso la cara de Andrea lo decía todo. Esa expresión de «ya lo sabía yo, este chico no tiene ni idea». Seguro que te la puedes imaginar.

Se cruzó de brazos, exhalando un suspiro que parecía arrastrar algo más que cansancio.

—Por un momento, me pregunté: «pero ¿yo qué pinto aquí?». Este sigue siendo el reino de mi madre y yo, un pelele colocado de manera provisional hasta que ella vuelva a recuperar el trono. Desde entonces, he evitado cruzarme con ella. No hemos hablado. Ni una palabra. Y, para serte sincero, temo que, si lo hacemos, pueda perder los papeles. O peor aún, que los perdamos los dos.

Levantó la vista hacia Javier.

—Porque ya sé cómo va a ir la conversación. Me reprochará lo que estoy haciendo y yo acabaré diciéndole: «Pues aquí te dejo tu cortijo».

Esbozó una sonrisa amarga.

—¿Te he contado alguna vez lo que me dijo cuando empecé contigo? Que te hiciera caso... pero en su justa medida. Que todo esto estaba muy bien, pero que le sonaba un poco *happy flower*. Y que lo importante era que yo entendiera que la vida de esta empresa es dura. Y que, cuando la empresa es dura, la única forma de afrontarla es con dureza.

—Ahí lo llevas, dijo Santi.

Javier apoyó la espalda contra la silla y sonrió. Esta vez, más ampliamente que en otras ocasiones. No era la primera vez que escuchaba algo así.

—Santi, créeme, esto no es nuevo para mí.

Se inclinó ligeramente hacia delante, como si compartiera una anécdota confidencial.

—Una vez, en una empresa del sector aeronáutico, estaba reunido con el director de operaciones cuando un encargado irrumpió en su despacho, sin miramientos. Nos miró a los dos y le soltó: «Cuando dejéis de hacer dibujitos y tonterías de esas del *coaching*, baja a la planta y trabaja un poco que se está liando».

Santi dejó escapar una risa breve, y Javier continuó:

—Ahora dime, ¿cuánto tiempo lleva tu madre dirigiendo esta empresa? ¿Dónde estaba la organización cuando ella llegó al puesto que tú acabas de ocupar? ¿Y dónde está ahora? ¿Quién ha tomado más del ochenta por ciento de las decisiones hasta la fecha?

Javier hizo una pausa, pero no esperaba respuesta.

—No hace falta que sigamos, ¿verdad? Tu madre es un tótem en esta compañía. Y no porque sí, sino porque se ha ganado serlo. Le han dado toda la autoridad porque, entre otras cosas, se la merece. Es el faro que ha guiado a esta empresa durante años. Así que, cuando aparece, es lógico que todo el mundo siga girándose hacia ella para pedirle respuestas.

Se recostó de nuevo en su silla.

—Además, no olvides un detalle: es una mujer de personalidad fuerte. Y, aunque no la conozco personalmente, lo que me has contado, más lo que he observado, me lleva a pensar que hay algo más en juego aquí.

Le sostuvo la mirada.

—Santi, su vida ha cambiado mucho en muy poco tiempo. De un día para otro, ha tenido que soltar el timón. ¿De verdad crees que no lo está sintiendo? Si tiene la oportunidad de recuperar un poco de su antigua posición, aunque sea por un rato, es normal que lo haga. Es más habitual de lo que crees. Sobre todo en empresas familiares.

Javier tomó aire y continuó, con un tono más pausado.

—En estas transiciones, y más aún cuando son tan abruptas como la tuya, tienes que aprender a convivir con este tipo de situaciones.

Se inclinó levemente hacia él.

—Y cuando digo convivir con ello, no hablo de resignarte. De hecho, me parece un buen momento para abrir otra distinción: aceptación versus resignación.

Junto a la palabra MAMÁ, que Santi había escrito en la pizarra, Javier trazó dos columnas. En la primera, escribió en mayúsculas RESIGNACIÓN. En la segunda, ACEPTACIÓN. Luego, bajo cada una, añadió nuevas palabras con una caligrafía pausada y firme:

RESIGNACIÓN	ACEPTACIÓN
Víctima	Responsable
Pasividad	Proactividad
No acción	Proyecto
Negatividad	Posibilidad

—Si vives esta transición entre tu madre y tú desde la resignación, te garantizo que vas a sufrir. Y mucho. Situaciones como la que has vivido esta semana volverán a repetirse. No una, sino muchas veces. Y, si te convences de que esto siempre va a ser así, al final tirarás la toalla. No físicamente, claro. Pero emocionalmente sí, que es peor. Y, cuando uno se siente una víctima, lo único que hace es lamentarse.

Se acercó un paso.

—Pero, si decides asumir la responsabilidad de este proceso, la historia cambia. Porque entonces, en vez de alimentar tu malestar, empezarás a invertir tu tiempo y energía en hacer que la transición sea más natural, más ágil... más tuya. Empoderarás tu figura y, al mismo tiempo, ayudarás a tu madre a encontrar la suya. Porque no olvides algo importante: la persona que ahora mismo no tiene un rol definido en esta empresa... es ella.

Santi parpadeó, procesando esas palabras.

—Y hay que ayudarla a encontrarlo. Uno que sea valioso, reconocido e, incluso, que lo viva con disfrute... pero que no sea el tuyo.

Javier hizo una pausa, dejando que la idea calara antes de continuar.

—Si eliges este camino, vivirás en la proactividad. Y eso implica salir de la zona de confort. No solo tú, sino todos los que forman parte de este ecosistema. Hay que construir un proyecto que facilite esa convivencia, una estructura que permita que esta transición ocurra sin ser un campo de batalla.

Tomó aire y prosiguió con un tono más pausado.

—Todo esto, por supuesto, debe hacerse desde el respeto a su figura. Incluso desde el agradecimiento. Pídele ayuda para consolidar la tuya. No como un gesto de sumisión, sino como una estrategia de liderazgo. Y claro que debes hablarle de lo que te incomoda
cuando ella aparece y asume un papel que ya no le corresponde.
Debes darle *feedback*. Pero no solo cuando haga algo que dificul-
te tu proceso de aterrizaje. También cuando haga algo que lo facilite.

Santi asintió, sin apartar la mirada de la pizarra.

—Si eso ocurre, tendrá mucho mérito por su parte. Porque Santi...
no debe ser fácil dejar de ser el centro de todo, de manera tan repentina y adaptarse a esa nueva realidad.

Javier entrelazó los dedos, observando la reacción de su interlocutor.

—Tu madre también está viviendo su propio proceso. Y, con toda
probabilidad, con ciertas dosis de sufrimiento. No es sencillo llegar
a una etapa de la vida en la que lo has sido todo en una empresa... y,
de un día para otro, sentir que ya no lo eres.

El silencio se instaló entre ambos.

De repente, Santi sintió una punzada en el pecho. No física, sino de otra
naturaleza, más honda, más punzante. La interpretó como... angustia.

Se reprochó, en un instante de sinceridad consigo mismo, el egoísmo
con el que había vivido hasta ahora esa situación. Había estado tan centrado en su propio conflicto que nunca se había preguntado cómo lo estaría viviendo ella.

Sus ojos se tornaron vidriosos.

Javier no dijo nada. Simplemente lo observó y dejó que aquel momento
se desarrollara con la dignidad que merecía.

Era el dolor de un hijo que, por primera vez, se hacía consciente de que
no había cuidado a su madre como ella se merecía. Porque, a veces, la

necesidad de afirmarnos nos hace olvidar que, al otro lado, también hay alguien que lucha con su propia transición.

Finalmente, Javier tomó aire y le propuso:

—Mira, se me ocurre algo, Santi. Creo que, en tu modelo de relación con tu madre, hay un espacio de comunicación que se ha quedado vacío. Y es seguro que es más necesario que nunca.

Santi levantó la vista, atento.

—Hablo de un espacio profesional, sí, pero también profundamente personal. Porque, al final, sois madre e hijo. Y creo que la misión de ese espacio debería ser ayudaros entre los dos en esta transición que ambos estáis viviendo.

Javier dejó que la idea flotara un instante antes de continuar.

—Para eso, debéis compartir. Deciros cómo os sentís, qué dificultades estáis encontrando. Pídele consejo. No para que te imponga la solución, sino para que te inspire con su experiencia, su conocimiento y su intuición. Y trata de que ese encuentro no sea un trámite, sino algo más... un espacio íntimo.

Su tono se volvió más pausado, más sereno.

—Un momento de verdad. Uno de esos instantes en los que, sin darte cuenta, se construyen recuerdos que permanecen. Un lugar para escucharos, para observaros... y para caminar juntos en esta nueva senda en la que os encontráis ahora.

Javier se quedó en silencio, dejándole espacio.

Santi tampoco habló.

No podía.

LA CARTA

—Buenos días, Santi. Ponte cómodo. Como siempre, asegúrate de que el teléfono esté lejos y en silencio. Confírmame que, durante los próximos minutos, nadie nos interrumpirá. No es que hoy vaya a revelarte la fórmula secreta de la Coca-Cola, pero quiero que disfrutes este momento y que prestes mucha atención a este rato de escucha y aprendizaje.

—Todo tuyo, Javier, como siempre. Nadie sabe siquiera que estamos aquí abajo y todo está desconectado.

—Perfecto. Verás, ahora sí vamos a afrontar lo que pospusimos hace unos días. He traído una carta a tu nombre y quiero entregártela en este momento.

Mientras decía esto, Javier sacó de su mochila un sobre americano de aspecto grueso. A través de su estructura ligeramente abultada, se adivinaban varias hojas en su interior, dobladas con precisión, como si hubieran sido acomodadas con cierta dificultad.

—El contenido de esta carta es la recopilación de las respuestas dadas por cada persona que seleccionaste cuando te propuse el ejercicio de identidad pública. Tengo que decirte, con alegría, que todas han respondido. Me encanta cuando esto sucede. También te diré que, si alguien no responde a esta petición, puede ocurrir que haya algo que rascar ahí, algo que seguramente nos ofrezca aún más de un aprendizaje... o no. Pero, en este caso, todas han contestado.

Santi frunció el ceño con una mezcla de inquietud y expectación.

—Me baila en la cabeza eso que me has dicho de disfrutar este momento. ¿Estás seguro? Si no me equivoco, esto es un ejercicio de *feedback*... digamos que más sosegado. O sea, que las personas que lo han hecho han tenido tiempo para pensar lo que escribir. Madre mía, ¡qué miedo!

Javier sonrió. Ahí estaba otra vez la inseguridad de su *coachee* y la gestión de su propia exigencia. Probablemente, Santi ni siquiera estaba pensando en el reconocimiento positivo que el texto podría contener. Solo estaba focalizando su atención en los aspectos de mejora que iba a encontrar.

—Mira, Santi, antes de dártela, quiero proponerte cómo afrontarla e incluso cómo leerla. En efecto, la carta recoge la respuesta de cada persona a nuestras preguntas, que en esencia han sido dos.

En ese momento, Javier leyó dos frases que tenía anotadas en su libreta, para ser literal en la consulta que habían recibido quienes protagonizaban las respuestas de la identidad pública que había hecho Santi, y que decían así:

1) Señala un máximo de tres aspectos donde consideres que Santi destaca en especial. Cuestiones relacionadas con su comportamiento, su personalidad, su manera de hacer las cosas, que te gustan especialmente de él y que consideras que son buenas para fortalecer su liderazgo.
2) Al mismo tiempo, tómate también tu tiempo para poner ahora atención a esos dos o tres comportamientos, enfoques, rasgos de su carácter... que, sin embargo, consideras que no le ayudan tanto o, incluso, que le están limitando en este proceso de construcción que está llevando a cabo para construir su propio liderazgo.

El texto continuaba con dos recomendaciones:

1. Sinceridad. Este es un ejercicio muy importante para él, te rogamos generosidad, sinceridad y valentía.
2. Acompañar la opinión de evidencias concretas y del efecto que te produce dicho comportamiento. Cuando hablamos desde las «evidencias» la opinión se sustenta mejor que si solo hablamos

de «sensaciones», ya que la personas que las recibe puede identificarlas con más facilidad.

—Es decir —continuó Javier—, que lo que vas a encontrar en estas páginas es el resultado directo de esas dos preguntas.

Santi volvió a fruncir el ceño, dándole vueltas a la idea.

—¿Voy a saber quién ha escrito cada cosa? ¿O son respuestas anónimas? Porque, si son anónimas, supongo que la gente se sentiría más cómoda para ser sincera... aunque, pensándolo bien, el anonimato también podría dar pie a que alguien se pase de la raya.

Javier asintió con una leve sonrisa.

—Buena reflexión, pero tengo muy clara la respuesta. Este ejercicio debe ser transparente. Siempre es mejor que se sepa quién te da cada respuesta, por supuesto, avisando a todos desde el principio. Te explico por qué.

Se inclinó ligeramente hacia delante para enfatizar su argumento.

—El *feedback* es una herramienta para construir confianza y, para que esta surja, hay que sentirse libre para expresar opiniones con autenticidad. Pero, además, hay otra razón clave. Te sorprendería saber cuántas veces en estos ejercicios aparecen opiniones opuestas sobre un mismo rasgo.

Hizo una pausa breve antes de continuar.

—Te cuento un caso reciente. Acompañé a una mujer en este mismo proceso y, en su carta, un compañero destacó su capacidad para cuidar cada detalle y ser minuciosa en el trabajo. Le parecía una gran fortaleza. Sin embargo, otro colega escribió justo lo contrario. Decía que su meticulosidad le llevaba a lo que él llamaba «¡parálisis por análisis!».

Santi sonrió con cierta incredulidad.

—¿El mismo rasgo visto de formas tan diferentes?

—Exacto. Y eso la hizo reflexionar. Se dio cuenta de que podía modular su comportamiento en función de con quién trabajaba. Con el primero, reforzaría su minuciosidad porque le daba seguridad. Con el segundo, un profesional más sénior, relajaría ese nivel de control para darle más autonomía y agilidad.

Javier hizo un gesto con las manos, abriendo la conversación.

—Por eso es tan importante saber quién dice qué. Te permite entender el contexto y no solo recibir información, sino también aprender a gestionarla. ¿Cómo lo ves?

Santi asintió varias veces con la cabeza.

—Lo veo, lo veo, sin duda. Mejor saber quién habla. Si no, sería como dar palos de ciego, intentando adivinar quién ha escrito cada cosa. Aun así, creo que a algunas personas eso les puede restar unas décimas de sinceridad... pero me parece un coste asumible.

Javier se mostró satisfecho con la reflexión, levantando ligeramente el pulgar de su mano derecha.

—Bien. Aclarado este punto, pasemos a otra cuestión. Si te limitas a leer la carta de principio a fin, tardarás entre cinco y diez minutos. Pero claro, la idea no es simplemente leerla. Es recibir lo que dice, dejar que repose, quizás masticarlo un poco... hasta echarle un poco de sal para digerir mejor algunas partes.

Hizo una pausa breve antes de continuar.

—Te invito a hacer una lectura curiosa y generosa. Curiosa significa que leas como lo haría un buen turista. Los turistas de calidad no se pasan el viaje comparando, juzgando o rechazando lo que ven. Se permiten saborear la experiencia, intentar comprender, descubrir. Y generosa significa que no te centres en evaluar a quien te ha escrito, sino que valores el tiempo y la atención que cada persona ha dedicado a reflexionar sobre ti. ¿Entendido?

—Entendido —respondió Santi, aunque, en realidad, lo único que quería era que Javier se callara de una vez y le diera la carta.

—Genial. Nos queda una última cosa, lo prometo. Te propongo que tomes notas mientras lees. Si quieres, puedes hacerlo así: coge un papel en blanco y divídelo en dos columnas. En la primera, escribe un «+» y en la segunda, un «-». A medida que avances en la lectura, intenta etiquetar algunas reflexiones con una palabra o idea clave que resuma bien el mensaje detrás de cada opinión, ya sea positiva o de mejora. Al final, tendrás un mapa claro de fortalezas y áreas a trabajar. Es probable que algunas se repitan, así que puedes marcar cuántas veces aparecen para ver patrones.

Santi asintió con entusiasmo.

—Claro, porque, si algo se repite mucho, significa que debo prestarle más atención, ¿verdad?

Javier ladeó la cabeza con una media sonrisa.

—Te respondo con una pregunta: si muchas personas comparten una misma opinión, ¿eso la hace más cierta?

Santi se quedó pensando unos segundos.

—Pues... no necesariamente. A veces la mayoría se equivoca.

—Exacto. Y recuerda que aquí no hablamos de verdades o mentiras. Algunas personas leen su carta y dicen: «Esto es verdad», solo porque están de acuerdo con lo que leen. Pero ¿si no estuvieran de acuerdo sería mentira? No caigamos en esa trampa. Que algo aparezca en tu carta es una invitación a reflexionar sobre ello, no una sentencia. No tienes que aceptar todo lo que leas, pero sí considerarlo.

Javier hizo una pausa y concluyó:

—En resumen, que muchas personas piensen algo no lo hace más cierto. Pero, si varias lo mencionan, al menos escúchalo.

Santi sonrió con un gesto de rendición.

—Ok, ok. Ahora lo entiendo mejor. Y gracias por todas estas aclaraciones, me ayudan a leerla desde otro lugar. Pero dicho esto... ¿me la das ya de una puñetera vez, por favor?

Javier soltó una carcajada.

—¡Jaja! Claro que sí, toda tuya.

Y le hizo entrega del sobre repleto de páginas, mientras le lanzaba una última advertencia. Él iba a quedarse allí, pero guardando un profundo y respetuoso silencio mientras Santi leía su carta y se sumergía en cada palabra.

«Querido Santi:

»Esta carta va dirigida especialmente a ti, y tiene, como sabes, la mejor intención de ayudarte en tu crecimiento profesional y personal, en el marco de este programa de liderazgo. Los comentarios que vas a leer a continuación son de personas que han querido contestar a nuestras preguntas, que han decidido destinar parte de su valioso tiempo para ti, por lo que sus respuestas llegan desde la generosidad, la valentía, y el compromiso contigo. Te invitamos a que las valores, más allá incluso de si estás de acuerdo o no, ya que de lo que se trata es de que te hagas consciente de cómo te ven a partir de tus comportamientos, de tu "manera de hacer".

»Esta carta puedes leerla en diez minutos, pero, además de leerla, te invitamos a que la releas, la mastiques y reflexiones sobre lo que te dicen, por lo que, en lugar de diez minutos, te vamos a dar como mínimo el doble. Y que a partir de su lectura, tomes un papel y escribas dos columnas.

»En una, anota FORTALEZAS EN MI LIDERAZGO, y escribe ahí un resumen de las cosas que te han dicho que entiendas como palancas de tu liderazgo, comportamientos que ayudan y potencian, a ti mismo y a otras personas. Y, por otro lado, en la otra columna, anota COMPORTAMIENTOS LIMITANTES y en él escribes el resumen de las cosas que te han dicho que identifiques como áreas de mejora, oportunidades de trabajo sobre comportamientos y aspectos que aún no tienes consolidados, y que, si trabajaras sobre ellos, transformándolos, se podrían convertir en fortalezas y que, por lo tanto, también serían grandes palancas en tu liderazgo personal.

»Ponte cómodo, abre la carta, tómate tu tiempo, y disfruta del viaje...».

Treinta y ocho minutos después (Javier tenía la costumbre de cronometrar estos tiempos de lectura), Santi apartó los papeles que tenía delante. Era su manera de indicar que había terminado. Sus ojos brillaban intensamente. No era un hombre de lágrima fácil, al menos no delante de otras personas, pero este proceso de acompañamiento ya lo había llevado a enfrentarse con emociones tan potentes que, por momentos, no podía evitar que se le humedecieran los ojos. Esta vez, le había sucedido en varias ocasiones. De hecho, tuvo que sacar de su mochila un paquete de clínex, cuyos restos arrugados ahora reposaban dispersos sobre la mesa.

Javier esbozó una sonrisa discreta y, tras más de media hora de silencio respetuoso, habló por fin:

—¿Qué tal?

Santi le devolvió la sonrisa con dulzura, intentando condensar en ella el torbellino de emociones que lo atravesaba.

—Uf... ¡Guau! Es difícil de expresar. Muchas emociones. Muy especial. Muy interesante.

Javier, consciente de la intensidad del momento, decidió aprovecharlo para ayudar a su cliente a organizar sus pensamientos.

—Vamos a darle un poco de orden a todo lo que tienes en la cabeza. Para empezar, dime en una sola frase, en una breve expresión, qué es lo que sientes ahora mismo después de este trabajazo de lectura.

Santi bajó la mirada. Durante un instante, tomó el bolígrafo con la intención de escribir algo en el papel, pero enseguida lo soltó. Necesitaba hablar, no escribir.

—Lo primero que siento es mucho agradecimiento. Sin duda, es la primera palabra que me viene a la mente. Que todas estas personas hayan dedicado su tiempo a escribirme esto me parece increíble. Y, además, me impresiona su sinceridad y valentía.

Javier asintió y lo interrumpió con suavidad.

—Pues oye, si te sientes así de agradecido, creo que sería bonito que se lo hagas saber a cada uno cuando tengas la oportunidad.

—Sí, lo haré —confirmó Santi—. Por otro lado, siento que voy avanzando en algunas cuestiones, quizás más rápido de lo que esperaba. Y también me doy cuenta de que se me ven las costuras. Hay cosas que creo que disimulo bien, pero, por lo visto, no soy tan buen actor. Se me notan más de lo que pensaba.

Javier aprovechó para dar un paso más en la conversación.

—¿Bajamos al terreno de lo concreto? ¿A qué te refieres?

—Claro que sí —respondió Santi—. Si empiezo por las fortalezas que aparecen en la carta... Y mira que, al principio, solo quería leer las áreas de mejora. Pero recordé algunas de nuestras conversaciones y me animé a leerlo todo. Me enorgullece ver que aparecen estas.

En ese momento, Santi leyó lo que había ido anotando en la primera columna:

FORTALEZAS

- Capacidad de escucha: XXXXX
- Sensatez y sentido común: XXXX
- Rigor: XXX
- Aportación valor a las conversaciones y a las personas: XXX
- Comprometido con su nuevo puesto: XX

Santi observó la lista y negó despacio con la cabeza, como si todavía le costara creerlo.

—La verdad es que estoy impresionado con las tres últimas. Las dos primeras, podía sospechar que aparecerían, había hecho mi quiniela, pero nunca habría pensado que estas tres fortalezas no solo salieran, sino que incluso se repitieran varias veces.

Javier lo miró con curiosidad.

—¿Y eso qué te dice, Santi?

—Bueno... Me dice que, seguramente, estoy haciendo algunas cosas bien en este camino. Y, por supuesto, me refuerza para seguir adelante. Me han sorprendido, pero, al mismo tiempo, me han hecho sentirme muy orgulloso.

Javier asintió y señaló los papeles.

—¿Y ya no aparecen más fortalezas? Porque me da la sensación de que hay más en esa columna.

Santi esbozó una sonrisa tímida.

—Sí, pero tampoco hace falta recrearnos tanto, ¿no? Quería destacar las más importantes... o, al menos, las que más me han llamado la atención.

Se quedó en silencio unos segundos, como si estuviera debatiéndose internamente. Finalmente, suspiró:

—Aunque bueno, hay otra más que se ha repetido un par de veces y que creo que merece la pena mencionar. Déjame encontrarla...

Recorrió con el dedo el listado de la columna fortalezas, hasta dar con la que buscaba:

—Aquí está. Dice: «Una de las cosas que más me llaman la atención de Santi es la humanidad que destila. Me parece que es un gran ejemplo de lo que es una buena persona».

Javier alzó las cejas con una sonrisa cómplice.

—¡Vaya! Y querías guardártelo... ¿No te parece lo bastante importante como para destacarlo?

Santi bajó la mirada y se encogió de hombros.

—Sí, sí..., sin duda. Pero me ruboriza un poco decirlo en voz alta. De verdad que es de las cosas que más me han llegado, y que más me han emocionado. Ojalá siempre haya personas cercanas que piensen eso de mí.

Javier consideró que era el momento adecuado para cambiar de perspectiva.

—Claro que sí. Oye, ¿y qué te parece si nos asomamos al otro lado? A las cuestiones que has colocado en la columna de oportunidades para mejorar.

Santi soltó una risa breve.

—Bonita forma de decirlo. Yo las habría descrito como mis «miserias».

—Bueno, es cuestión de elección. Yo no quiero que te sientas mísero, sino que realmente encuentres oportunidades para aprender y seguir mejorando.

Santi suspiró con resignación.

—*Touché!* Pues vamos a adentrarnos en el lado oscuro. En resumen, voy a señalar cuatro que me han hecho sentirme un poco peor:

ÁREAS DE MEJORA

- Inseguridad, baja confianza en sí mismo: XXXXX
- Un poco frío y distante, abusa del *e-mail*: XXXX
- Falta de valentía. Se moja poco: XXX
- Conocimiento técnico: XX

Santi pasó la mirada por la lista y asintió despacio.

—Nada que objetar. Entiendo a la perfección que hayan destacado estas cosas. Y, como sé que no me vas a dejar decir que son «verdad», te diré que estoy completamente de acuerdo con todas.

Javier le lanzó una mirada de complicidad, esperando el «pero» que vendría a continuación. No tardó en llegar.

—Lo que no voy a negar es que me han hecho sentirme mal, incluso dolido. Sobre todo, la primera: la falta de confianza en mí mismo.

Se quedó callado un momento y luego continuó con voz más baja.

—Es como mirarme al espejo y enfrentarme, cara a cara, con ese pensamiento que trato de esconder, pero que sé que siempre está ahí: que este puesto es demasiado grande para mí.

Hizo una pausa antes de añadir, casi en un susurro:

—Por mucho que avance en algunas cosas, sigo sintiendo que estoy muy lejos de lo que esta empresa necesita de un CEO.

Javier escuchó con atención a Santi. Sabía que necesitaba ordenar sus ideas, pero, al mismo tiempo, no quería que la conversación se alargara demasiado. Quería ofrecerle algunos puntos de apoyo, pero sin recargarlo con demasiada información.

Tras un par de minutos de silencio, en los que incluso tomó algunas notas, al final habló, captando la atención de Santi, que seguía absorto mirando el bolígrafo entre sus manos.

—Bien, Santi. Lo primero: estoy muy de acuerdo contigo en algo. El puesto de CEO te viene grande. Diría que incluso bastante grande.

Javier hizo una pausa, observando la reacción de su *coachee*, y luego sonrió con complicidad.

—Enhorabuena.

Santi levantó la vista, sorprendido.

—¿Te imaginas que no fuera así? —continuó Javier—. Piensa en esto: te ofrecen un proyecto profesional que supuestamente es el reto de tu vida. Empiezas el camino y, en cuanto das los primeros pasos, te das cuenta de que lo tienes más que controlado. ¿Cómo te sentirías? Seguramente pensarías algo así como: «Vaya fraude. Si esto es el reto de mi vida, mejor me voy buscando otro».

Santi dejó escapar una pequeña risa, asintiendo con la cabeza.

—Así que voy a decirte esto —continuó Javier— y, por favor, que sea la última vez que lo mencionamos. Hoy, el puesto te viene grande. Claro. Y sería absurdo que no fuera así.

Javier se acomodó en la silla y continuó con un tono más reflexivo.

—A partir de aquí, lo importante es cómo te relaciones contigo mismo durante todo este proceso. Qué cosas te dices, cómo te las dices y cómo decides vivir este camino.

Hizo una pausa breve y luego añadió:

—Hay una fórmula que me gusta mucho, de un autor llamado Tim Gallwey. Escribió un libro fantástico que, por cierto, debería formar parte de tu dieta intelectual: *El juego interior del tenis*. En inglés, lo explica con esta ecuación:

$$P = p - i$$

—¿Y eso qué significa? —preguntó Santi, intrigado.

—Las letras corresponden a: *Performance = potential – interference*. En otras palabras, tu rendimiento es el resultado de tu potencial menos las interferencias que introduces tú mismo.

Santi frunció ligeramente el ceño, procesando la idea.

—Es decir —prosiguió Javier—, todas tus posibilidades de crecimiento dependen de dos cosas: por un lado, de cuánto eres capaz de
desplegar tu potencial y, por otro, de cuánto caso le hagas a tu autoboicoteador interno.

Javier tomó aire y continuó con calma:

—Gallwey nos deja dos ideas clave: todos jugamos dos partidos a la
vez: uno es el juego exterior, lo que sucede en nuestra relación con
el mundo; el otro es el juego interior, el que se juega en nuestra cabeza y que, en gran parte, determina lo que sucede en el exterior.

»La queja más común de los deportistas es: "El problema no es que
no sepa qué hacer, el problema es que no hago lo que sé".

Santi asintió en silencio, observando cómo Javier continuaba con su discurso:

—¿Y qué suele ocurrir? Que un exceso de instrucciones condena al
fracaso a quien ejecuta una acción. Cuando un tenista fluye y golpea
bien la pelota, lo que pasa en su cabeza es que está en calma. Gallwey llama a esto jugar inconsciente.

Santi frunció el ceño.

—¿Jugar inconsciente?

—No en el sentido de no tener consciencia, sino de no estar pensando ni esforzándote demasiado. Es consciente de dónde quiere colo-
car la pelota, pero no se obsesiona en cómo hacerlo. Simplemente lo
hace. Y cuando empieza a pensar demasiado en su racha y trata de
controlarla... la pierde.

Santi dejó escapar un leve suspiro.

—Es decir, que cuando empiezan a aparecer esas voces internas que
rompen la calma —continuó Javier—, cuando nos decimos «cuidado», «no puedes», «no sabes»..., el ciclo virtuoso se rompe. Y ahí es
donde entra nuestro autoboicoteador.

—Vale, lo veo claro. ¿Y hay solución? —preguntó Santi, con un atisbo de esperanza en la voz.

Javier sonrió.

—Por supuesto. Pero, como ya hemos hablado otras veces, esto lleva una vida o dos. No es algo que se solucione de golpe. No hay una meta a la que llegas y, de repente, todo cambia. El objetivo es ir consiguiéndolo cada vez más veces, con más facilidad.

Hizo una pausa y añadió con énfasis:

—Y ojo, eso no significa que no vayas a tener días malos o momentos de caída. Eso es inevitable. Somos humanos.

Santi asintió con un gesto de comprensión.

—Ahora bien —prosiguió Javier, con tono más firme—, tampoco se trata de pasarse el día entero transitando por la senda del autoboicoteador. Y tú, por cierto, le haces demasiado caso, o esa es mi impresión, basada en lo que te voy conociendo.

Se inclinó un poco hacia delante y añadió:

—Así que, para empezar a trabajarlo, aquí tienes tres consejos sobre los que vamos a poner especial atención. Y esta vez vamos a medir de cerca si realmente los estás aplicando y cómo.

En ese momento, Javier acudía a su lugar preferido en los acompañamientos, la pizarra, y escribió:

1) Deja de ser tu juez.
   —Santi, en el momento en que empiezas a emitir esos juicios, casi siempre negativos, sobre tus posibilidades, tu capacidad o hasta tu propia persona, como te lo diría... comienzas a convertirte en aquello en lo que piensas. Los errores son parte del cualquier proceso de aprendizaje (en la vida y en el tenis), por lo tanto, no hay que caer en la trampa de comprarse que «soy un incapaz», porque esta vez «he sido incapaz de hacer esto o lo otro».

2) Descubre la técnica

—Hay que dejar a un lado la emoción, y dar paso a la razón. El pensamiento recurrente negativo es el que genera bloqueo. Déjalo a un lado y permite que entre el que te va a dar la llave de la solución. Y se logra dejando de mirar al pasado para poner foco en el futuro. Transitando del «no he sido capaz por esto o por lo otro» a generar las preguntas abiertas que abren la puerta al aprendizaje: «¿Cómo podría hacerlo la próxima vez?»; «¿qué necesitaría para hacerlo mejor?»; «¿quién puede ayudarme?»; «¿Cuántas veces debo practicarlo?», etc. ¿Visualizas esa imagen del hámster girando una y otra vez sobre la rueda de su jaula sin avanzar? Eso es lo que nos ocurre cuando aparece el bucle en nuestra cabeza. Con el aprendizaje, y más con la aplicación del aprendizaje, generas un estímulo de corte, que te hace salir del círculo vicioso y quizás te lleve a uno más virtuoso.

3) Somételo a la prueba de la realidad (construye los hábitos impulsores de tu liderazgo).

Y por último, practica. El verano pasado me maravillé con lo que estaba haciendo un entrenador de mi hijo en el campus al que le inscribí. Estaba grabando cómo cada jugador ejecutaba un tiro libre y después se lo mostraba, para pulir pequeños detalles: la posición de las piernas, la flexión del cuerpo, el giro de muñeca... hasta cómo quedaba posicionado el cuerpo cuando la pelota ya no estaba en sus manos. Es el *learning by doing*, del que ya hemos hablado. Se aprende cuando se focaliza en los pequeños detalles que hay que mejorar, cambiar, eliminar... En la batalla del pensar versus hacer, con la segunda se consiguen muchas más victorias y te permite tener mayor control sobre ti mismo.

Si te parece, me gustará retomar este asunto un poco más adelante. La virtud se evidencia en los comportamientos, y los comportamientos forman parte de tu identidad cuando se convierten en hábitos. Necesito trabajar este asunto con el nivel de profundidad que necesita.

Mientras escribía los tres puntos, Javier se estaba preguntando si ayudaría a Santi a entender el proceso, así que optó por decirle que, además de lo que había en la pizarra. quería sentarse con él y ampliar la explicación. En su libreta, hizo dos dibujos. En el primero, trazó un círculo, añadiendo palabras que definían el bucle pernicioso en el que a veces, más de la cuenta, se introducía Santi. A su derecha, dibujó el mismo círculo, pero cortado en un punto por una línea, que representaba la propuesta de camino alternativo.

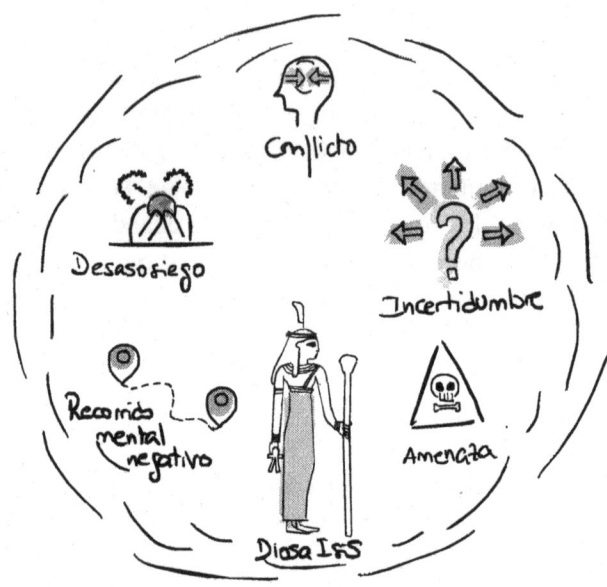

Pensamiento circular nocivo

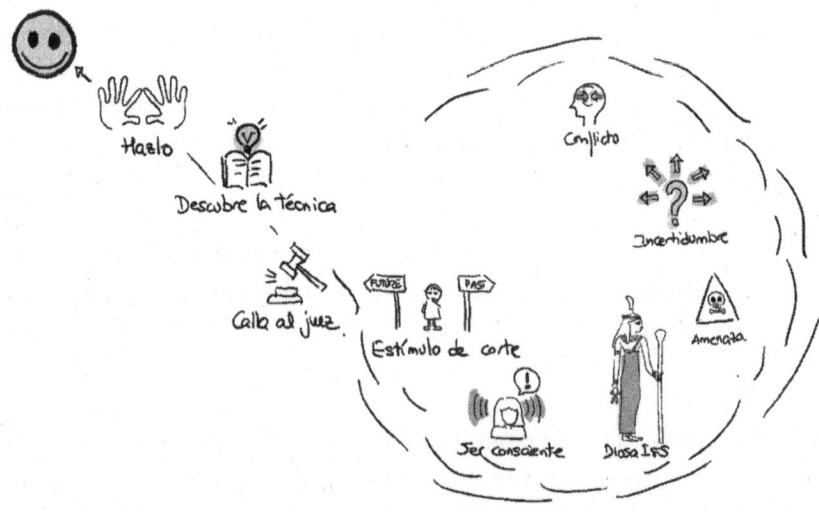

Santi optó por hacer una foto con el teléfono. Demasiada información en tan poco tiempo. Además, se imaginaba a sí mismo como un niño que, tras un tiempo perdido, había encontrado por fin el camino de vuelta a casa. Pero quería recordarlo, para no volver a perderse.

Mientras procesaba todo, dos primeras preguntas aparecieron en su cabeza. Necesitaba formularlas.

—Dos preguntas. La primera, creo que es obvia. ¿Qué es esa especie de esfinge egipcia que aparece ahí abajo junto a la palabra Isis? La segunda...

—Espera —le interrumpió abruptamente Javier—, te la respondo en diez segundos. Esta es la diosa a la que más te gusta invocar. La diosa Isis es cuando nos preguntamos una y otra vez por todo aquello, casi siempre malo, que puede ocurrir: «¿Y si se me ven las costuras?», «¿Y si no soy capaz?», «¿Y si...?».

—Vale vale, captado —Esta vez el que interrumpió fue Santi—. Muy agudo. Sí que la invito a que entre, sí. La segunda, tiene que ver con que, una vez activado un propósito de cambio, ¿cómo sabré si estoy progresando? ¿Cómo narices medirlo? Me muevo en un mundo de sensaciones permanente desde que hemos empezado este camino. Pero me encantaría tener algo más. Un recurso que me ayude a medir si de verdad estoy avanzando diariamente, como una hormiguita, o son solo burbujitas emocionales que aparecen pero que explotan y desaparecen enseguida, como los fuegos artificiales.

Era una pregunta inteligente de alguien que, definitivamente, quería comprobar la transformación a la que aspiraba. Por eso, la pregunta le pareció a Javier muy estimulante.

—Santi, podemos medir varias cosas: los resultados, el rendimiento en el camino, tu propia satisfacción o cómo están percibiendo los demás tu objetivo de desarrollo. De hecho, ya lo venimos midiendo desde el inicio. Pero, como entiendo que con esta pregunta quieres bajar muy al terreno de lo concreto, voy a poner a tu disposición una herramienta que creo puede ayudarte, y que requiere cierta disciplina. La vamos a llamar «check diario».

Los siguientes minutos fueron de búsqueda y envío de archivo del correo de Javier al de Santi. Eligió pasarle, por supuesto omitiendo los datos de la persona, el recurso al que hacía referencia, añadiendo su aplicación a un ejemplo real. La idea era que comprobara cómo se llevaba a cabo la medición en la práctica diaria. El ejercicio consistía en una evaluación diaria, encontrando cuatro minutos al final del día, y un poco más al final de la semana, para puntuarse de 1 a 10 según el grado acercamiento al logro diario pretendido, dando respuesta a una pregunta, del tipo: «¿Hoy he sido capaz de...?».

—Y te recomiendo, por supuesto, marcarte un objetivo temporal a treinta, sesenta o noventa días. No lo hagas *sine die* porque pierde el sentido. La idea es tu integración en un nuevo hábito.

Pensó que podía ayudarlo facilitarle el ejemplo de una mujer con la que había trabajado desde el *coaching* en Argentina años atrás, y que trataba de mejorar en su relación con su propia autoexigencia y luchar contra una voz que a diario escuchaba dentro de sí gritándole «no eres capaz». Le pareció un buen espejo.

Nombre: XXX

Preguntas diarias	SEMANA 1					SEMANA 2					SEMANA			
	L	M	X	J	V	L	M	X	J	V	L	M	X	J
¿He hecho todo lo posible para... (Escala 1-10)	4	3	4	3	2		5	5	5	5		6	6	6
...hacer callar a la boicoteadora que llevo dentro.	5	4	4	3	3		3	4	4	4		5	5	6
...Pensar en el qué dirán?	4	3	3	3	3		5	5	5	5		5	5	5
...dedicar un rato en casa a "exigenarme" con familia?	4	3	4	3	4		4	6	5	5		5	6	5
...aportar sinceridad en las reuniones y conversaciones?	4	3	4	4	3		5	4	6	5		6	6	6
...Sonreír muchas veces al día?	5	4	4	5	4		5	5	6	5		5	5	5
...quererme?											5	5	5
Media diaria	4	3	4	3'3	3		4'4	5	5'3	4'5		5'4	5'5	5'5
Media Semana			3'6					4'7					5'4	
Conclusión de la semana	No paro de escuchar a la autoboicoteadora que llevo dentro, y no pé cómo echar dentela					Un poco de luz, pero queda mucho					Buena semana			
Propósito	Adquirir y comprometerme a utilizar las herramientas que me pueden ayudar					Seguir trabajando con mi autoexigencia, seguir incorporando comportamientos que me lleven a nuevos hábitos					Los espacios de exije me han ayudado a mi autoexigencia. PERSEVERAR			

—Me encanta, y me hace tener sensación de control diario. Seguramente, va con mi personalidad dominante de necesitar tener las cosas bajo control y con sensación de que hay un método que lo sostiene. Y, desde luego, sí que requiere disciplina.

—En efecto, la requiere. Tanta, que te voy a proponer ser tu *Jiminy Cricket*[8] en el uso de esta herramienta.

—¿Solo en el uso de esta herramienta?...

—Muy agudo tú ahora. Sí, sobre todo porque he comprobado que, si no hay una persona cómplice, puede ocurrir que se comience con mucha fuerza, pero que esta se diluye si no sentimos un poco de «aliento de jabalí» detrás del cogote. Por eso, te voy a pedir que, cada día, cuando lo hayas cumplimentado, me lo envíes por correo. Si fallas alguna vez, te lo recordaré al final de la semana. Por cierto, no recuerdo que nadie me haya enviado el el cien por cien del proceso cuando hablamos de una medición a 60/90 días. Pero también te digo que rara vez quien se compromete baja del 90 por ciento. Ahí lo dejo.

—Asumo el reto. Y te lo agradezco. En efecto, creo que sentir la obligación de reportar a alguien más que solo a uno mismo, hace sentir que el compromiso es, cómo diría... más compromiso.

—Esa es la idea. En cualquier caso, más allá de la hoja de seguimiento diario, como te he dicho antes, necesitamos trabajar con más detenimiento en la construcción de los hábitos. No solo basta con medir. Hay que facilitar el camino en lo posible, para que puedas andarlo. Y ahora, si te parece, comamos algo, porque esta sesión me ha abierto el apetito, y necesito reponer fuerzas. Hoy invito yo.

8. Pepito Grillo, personaje en *Las aventuras de Pinocho*, de Carlo Collodi (1883).

NO LA AGUANTO

«Hola, Javier. Antes que nada, perdóname... No sé si esto terminará siendo un audio o un pódcast. Estaba preparando nuestra próxima reunión, deseando que me contaras cómo te va por la República Dominicana con ese nuevo proyecto. Y, sobre todo, quería ponerte al corriente de la respuesta del equipo a la prueba piloto del modelo de dirección por objetivos a través del sistema OKR que me propusiste. Es increíble cómo algunas herramientas pueden hacer sencillo lo que siempre parecía complejo.

»Pero todo eso tiene que esperar. Ha pasado algo y necesito, por favor, que me ayudes. A veces tengo la sensación de que, en un solo segundo, todo lo que voy construyendo, lo que me da seguridad y hasta cierta satisfacción, se va por el desagüe... justo en el momento en que tengo una de esas conversaciones cargadas de energía con mi querida madre.

»¡Otra vez! No la aguanto, Javier. Lo siento. No hay nadie, ni nada, capaz de vaciarme tanto como ella cuando se dedica a echar por tierra todo lo que estamos construyendo.

»No habíamos hablado ni diez minutos. Y le ha sobrado tiempo para menospreciarlo todo. Ha entrado en la sala de juntas y, al ver el lienzo Canvas[9] en la pared —el mismo con el que hicimos el DAFO con Operaciones—, su primera reacción ha sido:

—¿Ya estáis con las chorradas estas? ¿Y lo de trabajar para cuándo lo dejáis?

---

9. Para profundizar: Osterwalder, Alexander, y Yves Pigneur. *Generación de modelos de negocio*. 2011. Ed. Deusto.

»Lo peor no ha sido la frase en sí, sino que lo ha dicho delante de al menos cinco personas. Le he puesto una cara que, sin duda, ha sabido interpretar, porque ha salido mascullando directa a... ¿su despacho? ¿Mi despacho?

»He ido detrás, pero no me ha dejado hablar. No sé ni cómo ha podido respirar de tanto hablar sin pausa. En resumen, lo que me dice es que se ha dado una vuelta por la empresa, ha hablado con unos y con otros, y todo le huele raro. Que si sé realmente lo que estoy haciendo. Que esta empresa lleva muchos años funcionando con "las cosas muy claras y el chocolate espeso" (que aún no sé qué narices quiere decir con eso). Y para rematar, ha soltado algo sobre hablar con Miguel, y que a veces es mejor no dejarse aconsejar...

»Y te prometo que no hay ninguna mala noticia. No ha pasado nada extraño ni fuera de lo habitual. Todo sigue más o menos en la línea de las últimas semanas. Los comités de dirección son cada vez más participativos, empezando por mí, y el clima en general es más positivo.

»Pero nada le vale. A veces tengo la sensación de algo que no quiero admitir: que no le gusta que me vaya bien. Que la empresa siga consiguiendo resultados sin ella al frente. Su ego es como la catedral de Burgos. Y además... ¿para qué viene? ¿Para esto? Mejor que se quede en su casa.

»En fin. Ya me he desahogado un poco. Gracias. Solo por estar ahí y escucharme. Ahora que he soltado toda la bilis, puedo sostenerme hasta la siguiente. Sé que tengo que tragar. Es lo que hay. Ella no va a cambiar, digas lo que digas. Lo que tengo que hacer es aprender a sobrellevarlo. Y, cuanto menos aparezca, mejor.

»Gracias. Cuando nos veamos, mejor nos olvidamos de esto y nos enfocamos en lo que realmente construye.

»Un abrazo».

«Buenas tardes Santi:

»Prefiero responderte por escrito. Más allá de nuestra distancia y el cambio horario, no quiero dejar de responder a tu audio. Lo primero, gracias por la confianza. Me pregunto si dentro de la organización estás encontrando personas con la suficiente cercanía para mantener conversaciones más emocionales, quizás más complejas. Es algo que deberíamos hablar cuando nos veamos.

»Ahora bien, no te estoy diciendo que busques a alguien con quien simplemente "soltar la bilis". Aunque desahogarse es humano y necesario en ocasiones, no creo que este sea el mejor ejemplo ni de cómo hacerlo ni de para qué hacerlo.

»Dicho esto, empatizo contigo. No porque lo viva en primera persona, sino porque llevo años trabajando con empresas familiares, y sé cómo las emociones se entrelazan en los procesos de sucesión generacional. Se mezcla todo, y es casi imposible evitar la frustración y la incomprensión. Pero, si te paras a pensarlo, te darás cuenta de que el circuito en el que estás atrapado —frustrarte, desahogarte, tragar y seguir hasta la siguiente— no te aporta nada. A nadie, en realidad. Es más, en algún punto ese mecanismo puede fallar. Y, cuando eso sucede, el riesgo de que todo salte por los aires y deje una herida profunda es muy real.

»Por eso creo que ha llegado el momento de pasar de la queja a la reclamación. Quejarte solo te proporciona un alivio momentáneo, pero... ¿y después? Nada cambia. La misma frustración seguirá ahí, esperando repetirse en el próximo encuentro. Además, si alguna vez te quejas con alguien inadecuado, las consecuencias pueden ser complicadas.

»Lo que este problema necesita no es más desahogo, sino una conversación. Y esa conversación debe ser con tu madre.

»Santi, no eres el único viviendo una nueva realidad. Tu madre también está enfrentando su propio proceso. Ponte en su piel por un momento. Ha logrado, a buen seguro con mucho esfuerzo, ocupar una posición de prestigio en la empresa y en el sector. Ha mejorado la compañía en prácticamente todo. Súmale su personalidad dominante y, por supuesto, su ego. Un ego que, sin duda, es grande. Y de repente... todo se detiene. Un golpe de salud inesperado la deja fuera de juego. No creo que sea fácil de asumir.

»Tiene que delegar. Y lo hace, porque entiende que debe ser así. Pero no de la forma en que con toda probabilidad había imaginado. Se ha visto obligada a soltar las riendas de golpe, dejándose guiar —con más o menos resistencia— por un amigo de confianza. Gestionar todo eso no es sencillo.

»Empatizar con su situación no significa justificar su comportamiento ni sus comentarios desafortunados. Pero sí reconocer que lo que está viviendo es legítimo. Y, desde ahí, abrir la conversación.

»Creo que hay dos temas clave que deberían formar parte de esa conversación:

      1.- Lo que estás haciendo y me duele.
      2.- Cómo podemos diseñar el futuro.

»Hemos hablado antes sobre asertividad, y estás haciendo un trabajo increíble. Ahora es momento de aplicarla aquí. Debes expresarle, con claridad, cómo te afecta. Cómo sus palabras te desinflan y te hacen sufrir. No hay nada de malo en decirle que te quedas vacío de energía cuando se expresa de esa manera. Es honesto. Es real. Y es tu madre.

»Pero no te quedes solo en eso. Pregúntale también cómo se siente ella. Y escúchala. La asertividad está al otro lado de la empatía, pero no la pierde de vista.

»El otro punto clave es diseñar una nueva forma de relación con ella dentro del contexto empresarial. Ahora mismo todo es reactivo: ella aparece sin previo aviso, las conversaciones surgen en los momentos más inoportunos y la tensión es inevitable. ¿Por qué no proponer una estructura distinta?

»Te lanzo una idea inicial, para que la valores: ¿y si pactáis un almuerzo quincenal? Un espacio reservado para compartir visiones, donde puedas contarle, preguntarle y escucharla, pero con orden y sentido. Un foro privado, íntimo, donde habléis desde la perspectiva de la dirección general, en lugar de dejar que la comunicación sea caótica e improvisada.

»Si logras estructurar este nuevo modelo de relación, dejarás de sentirte una víctima —porque en esa posición solo puedes aguantar o sufrir— y empezarás a ser responsable. Y recuerda que la palabra "responsabilidad", etimológicamente, es preciosa. Proviene del latín *responsum*, que a su vez deriva del verbo *respondere*. Por eso decimos que la responsabilidad es, en esencia, "la habilidad de responder".

»Este es tu momento de desarrollar esa habilidad.

»Nos vemos pronto. Seguimos avanzando.

»Un abrazo desde Santo Domingo».

AHORA VOY ENTENDIENDO

—¡Hola, Javier! ¿Qué tal? ¡Bienvenido de nuevo a España! Se nota que eres un currante... vuelves tan blanco como te fuiste. ¿Ni un solo salto a Punta Cana, con lo cerca que la tenías?

—¡Jaja! Todo muy bien. Conste que no eres el primero que me lo dice, aunque no esperaba oírlo de ti. Lo que sí me gusta de esta bienvenida es que te noto hasta contento. ¡Ten cuidado!

A Javier, en el fondo, le molestaban este tipo de comentarios. Más allá de la indudable belleza de muchos de los lugares que visitaba, sus viajes no eran precisamente de placer. ¡Ya le gustaría! Pero tampoco solía perder el tiempo en dar explicaciones.

Esta vez, además, su interés estaba en otro lado. Quería saber si Santi había tenido, por fin, la conversación pendiente con Luisa. Durante su estancia en la República Dominicana, no había vuelto a recibir noticias suyas, y la expresión del joven ahora era, cuanto menos, prometedora.

Para tantear el terreno, lanzó una primera sugerencia:

—¿Qué te parece si nos ponemos al día con un café?

—Perfecto. Tengo ganas de contarte todo, y no quería adelantarte nada por escrito o en un audio. Necesitaba hacerlo en persona.

«Vaya respuesta. Esto confirma mis sospechas», pensó Javier. Así, que solo contestó:

—Maravilloso.

Casi sobraban los preámbulos. Ambos querían ir directos al punto clave: el encuentro entre Santi y su madre. Así que pasaron por encima de los típicos comentarios sobre el *jet lag* de Javier y alguna que otra novedad de la empresa. Y, por fin, Santi se lanzó a contarle lo ocurrido en su ausencia.

—Como siempre me pides titulares antes de entrar en detalles, ya los tengo preparados. El primero: POR FIN, AMBOS LO NECESITÁBAMOS. El segundo: GRAN ALIVIO. Y el tercero...: QUÉ MAL HE AFRONTADO HASTA AHORA LAS CONVERSACIONES MÁS IMPORTANTES DE MI VIDA.

Javier acompañaba las palabras de Santi con un silencio muy respetuoso. No quería interrumpir a su *coachee* salvo que fuera de verdad imprescindible. Así que se limitó a acompañarle con una intensa mirada y una sonrisa sincera, que trataba de expresar su profundo interés y admiración por lo que iba escuchando.

Santi continuó:

—Si quieres decirme algo, me interrumpes. Hasta entonces, yo sigo. Conseguí organizar con ella una conversación en uno de nuestros rincones preferidos. Poca gente lo conoce, solo decirte que es un sendero de fácil recorrido en Aracena, donde huele a tierra húmeda entre encinas, alcornoques y quejigos. Es un lugar que a mi madre le encanta, así que, en mi búsqueda por generar el mejor contexto, tuve la suerte de que mi madre aceptara la propuesta de una jornada apartados de todo para centrarnos en nosotros.

El comienzo no resultó sencillo. Santi recordaba cómo su corazón latía con fuerza mientras se adentraban en el sendero. Las hojas crujían bajo sus pies, marcando un compás que parecía seguir el ritmo de sus pensamientos. A cada paso, la tensión se apoderaba de él, pero también una pequeña chispa de esperanza. Sabía que era el momento de hablar, de abrirse de par en par.

—Mamá —comenzó, con la voz temblorosa—, gracias por aceptar venir aquí. Quería que este lugar nos recordara lo que en realidad importa, lejos del ruido de la empresa.

Luisa lo miró de reojo, con una mezcla de sorpresa y escepticismo en su mirada. Su energía, por lo común desbordante, parecía contenerse. Santi continuó, sintiendo que cada palabra era un pequeño paso hacia lo que necesitaba expresar.

—He estado pensando mucho en lo que ha pasado... en cómo he asumido el liderazgo de la empresa. No ha sido fácil. —Hizo una pausa, buscando las palabras adecuadas—. Y no solo por la responsabilidad, también por el miedo.

Luisa frunció el ceño, su instinto protector emergía.

—No tienes que tener miedo, Santi. Siempre has sido capaz. ¿Qué te hace dudar?

Santi respiró hondo.

—Dudar de mí mismo, de si puedo hacerlo tan bien como tú. Durante años, he visto cómo llevabas todo adelante con tanta fuerza... Ahora que estoy en tu lugar, siento el peso de las decisiones y la presión de hacer que todos estén bien, que la empresa siga creciendo.

—Pero ¿por qué piensas que no puedes? —interrumpió Luisa, su tono más agudo de lo habitual—. Siempre has sido brillante.

—Porque lo que tú hacías, lo hacías a tu manera, con tu estilo. Y yo... yo no quiero ser como tú. Quiero hacerlo a mi manera. Necesito tu apoyo, pero no quiero temerte, mamá.

La incredulidad se dibujó en el rostro de Luisa.

—¿Temerme? ¿Por qué ibas a temerme?

—Por cómo era tu relación con el abuelo. —La respuesta salió de su boca como un susurro, pero resonó con fuerza en el aire. Santi vio cómo la expresión de su madre se tornaba seria—. Sé que era estricto, y que eso te afectó. Esa parte de vuestra relación no quiero vivirla. Quiero que confíes en mí, que creas en lo que hago.

En ese momento, Luisa sintió un nudo formarse en su garganta. Su hijo, el hombre en el que había puesto todas sus esperanzas, estaba frente a ella con toda su vulnerabilidad expuesta. Era una imagen que nunca había querido ver, pero que, de alguna manera, la conmovía.

—Santi, yo... —comenzó, pero las palabras se atoraron. La emoción la invadió, y por un instante, se vio a sí misma en la piel de esa mujer que sentía la necesidad obligada y la presión de ser la figura fuerte. Necesitaba salir de ella, para poder acompañar a su hijo. Y para no correr el riesgo de perderlo—. He tenido mis dudas, lo reconozco. Pero también he visto cómo has crecido. No puedo seguir aferrándome a la que antes era mi realidad, y sé que debo dejarte encontrar tu propio camino.

Las lágrimas comenzaron a brillar en los ojos de Santi.

—¿De verdad lo crees?

Luisa asintió, y por primera vez en mucho tiempo, se sintió ligera.

—He estado tan centrada en lo que esperaba de ti que he olvidado lo que en realidad necesitas.

Santi dio un paso hacia ella, la distancia que había entre ellos se desvanecía.

—Necesito que confíes en mí, mamá. Que me apoyes en este nuevo camino.

—Lo haré, lo prometo. —La voz de Luisa era un susurro lleno de sinceridad. En ese instante, ambos comprendieron que estaban en un terreno nuevo, uno donde la conexión y la comprensión podían florecer.

Se acercaron más y, después de un breve momento de titubeo, se abrazaron. Fue un abrazo largo, lleno de emociones contenidas, de perdones y nuevos comienzos. Santi sintió cómo la calidez de su madre le envolvía, disipando el frío que había sentido durante tanto tiempo.

—Me alegra saber que estás en esta lucha sintiéndote tan responsable, Santi —dijo Luisa al separarse un poco, mirándole a los ojos—. Juntos podemos hacerlo.

Y así, en medio del sendero que tanto apreciaban, madre e hijo encontraron un nuevo camino.

Tras aquel abrazo, Santi confesó a Javier que se había sentido diferente, como si algo dentro de él hubiera cambiado. Por primera vez en mucho tiempo, notaba que podía respirar con mayor profundidad, como si se hubiese liberado de un peso que llevaba cargando en silencio.

Al volver del sendero, ambos compartieron una comida sencilla en una pequeña venta cercana, entre anécdotas del pasado y planes para el futuro. Luisa parecía distinta, más accesible, casi renovada. Aunque seguía teniendo esa mirada penetrante y enérgica, había en ella una calidez que a Santi le daba fuerzas.

—Y lo mejor —dijo Santi a Javier, abrazando el café caliente entre sus manos— es que le propuse algo que antes ni me hubiera apetecido insinuarle: que tengamos conversaciones como la que acabábamos de tener, de manera regular. No en la empresa, claro, sino en lugares que nos permitan conectar, como el sendero.

—¿Y qué te contestó? —preguntó Javier.

—Me dijo que le parecía una gran idea. Aunque, genio y figura, especificó que la avisara con tiempo para organizar su agenda.

—Quizás sea buena idea hacerlo con cierta periodicidad. La otra vez creo que te hablé de encuentros quincenales, pero a lo mejor es más adecuado distanciarlos más. Por ejemplo, cada mes. Dadle una vuelta y acordarlo vosotros. Que no sean demasiado distanciados. Se puede convertir en una costumbre muy vuestra, muy íntima y muy especial.

—Sí, perdona. De hecho, hemos quedado en hacerlo cada mes. No tiene que ser siempre un paseo largo. Puede ser un almuerzo o solo sentarnos a tomar un té, pero será nuestro momento.

Javier se tomó unos segundos para compartir su reflexión final sobre lo hablado.

—Me parece admirable, Santi —dijo Javier con seriedad, apoyando su taza en la mesa—. Y, en esta ocasión, no me refiero tanto a ti como a tu madre. Es un ejemplo increíble la manera en que ella haya sido tan capaz de abrir sus corazas, y estar tan dispuesta a reinventar su relación contigo. Porque te quiere, pero también porque sabe lo que necesitas de ella, y no ha dudado en ofrecértelo. Luisa ha demostrado ser mucho más que una líder empresarial; también es una madre dispuesta a aprender, a ceder, a construir una relación diferente.

Santi se quedó pensativo. Las palabras de Javier resonaban en su interior. Siempre había asociado esa palabra con rigidez, con dirección, pero quizás no la había entendido del todo.

—Ahora voy entendiendo... —murmuró, más para sí mismo que para Javier.

—¿Qué vas entendiendo? —preguntó Javier con una sonrisa.

Santi alzó la mirada y se encontró con los ojos curiosos de su *coach*. Se tomó unos segundos para responder, organizando sus pensamientos.

—Voy entendiendo que mi madre no es solo lo que yo creía que era. Durante años la etiqueté como alguien dura, casi de pensamiento único, e intransigente... pero en realidad, detrás de esa fachada, había una mujer capaz de adaptarse, de escuchar, de transformarse. En definitiva, una persona. Creo que yo también necesitaba esta conversación, no solo para que ella confiara en mí, sino para poder verla desde otro lugar.

—Eso es un gran aprendizaje —comentó Javier, inclinándose un poco hacia delante—. Muchas veces cargamos etiquetas sobre los demás sin darnos cuenta de que las personas son mucho más complejas que esas definiciones. Y, al igual que tú has aprendido algo valioso sobre ella, estoy seguro de que ella también ha aprendido algo muy importante sobre ti.

Santi sonrió. La idea le resultaba reconfortante. Después de todo, ese diálogo con su madre no solo le había dado confianza, también le había permitido abrir una puerta que llevaba mucho tiempo cerrada.

—Me llevo de esto, también, que nunca debemos subestimar el poder de una conversación. No me imaginaba lo que podía cambiar entre nosotros después de una sola charla sincera.

—Y esa es una lección que siempre podrás aplicar en tu vida personal y profesional —afirmó Javier—. Una conversación inspiradora puede transformar no solo a las personas, sino también las relaciones y, con ellas, los resultados. Lo que has hecho con tu madre también lo puedes hacer con tu equipo, con tus clientes, con cualquier persona importante en tu vida.

Santi asintió con firmeza. Ahora entendía. De verdad entendía. El cambio no empezaba en los demás, sino en cómo él decidía relacionarse, abrirse y permitir que otros hicieran lo mismo.

Cuando terminaron el café, Santi añadió:

—Gracias, Javier. No solo por tu ayuda, sino por animarme a dar pasos que pensaba que no podía dar.

—Es un placer acompañarte, Santi. Eres tú quien está haciendo el trabajo duro. Yo solo estoy aquí para recordarte lo que eres capaz de lograr.

—Sí, pero sin tu ayuda dudo que hubiera sido capaz de llegar hasta aquí. Cuando Miguel me habló de ti, me preguntó si yo sabía que, en los cines, antes existían unas figuras que eran los acomodadores. Esas personas que te ayudaban a llegar a tu asiento. Le dije que nunca los había visto, pero que sabía que habían existido. «Muy bien, pues Javier es justo lo contrario: es un incomodador». Y vaya si lo eres. Lo que no sabía yo era que la incomodidad es, en muchas ocasiones, tan necesaria...

Los dos hombres se despidieron.

Con las palabras de la conversación todavía resonando en su mente, Santi salió a la calle. Miró al cielo despejado, respiró hondo y se permitió sentir algo que llevaba mucho tiempo buscando: paz.

Había mucho por hacer, sí, pero también mucho por lo que estar agradecido. Y, por primera vez, sentía que tenía las herramientas, la claridad y la confianza para seguir adelante. Porque ahora, por fin, entendía.

UNA LLAMADA INESPERADA

No era habitual que el teléfono de Javier estuviera reclamando su atención a las 7:15 de la mañana. Por eso, extrañado e inquieto, interrumpió su desayuno para subir a la habitación y atender la llamada cuanto antes. Era Miguel. Algo en su interior le dijo que debía contestar de inmediato, y que no serían buenas noticias.

—¿Javier? —espetó Miguel con voz rota.

—Sí, soy yo. ¿Qué ocurre, Miguel?

El silencio que siguió le heló la sangre.

—Es Luisa... Ha fallecido.

Javier sintió un peso inmediato en el pecho.

—¿Qué? ¿Cómo ha sido?

—Fue inesperado. Estaba en una revisión de rutina, un cateterismo para evaluar un posible problema en una arteria coronaria. Aguantó un primer infarto en la sala de recuperación, pero luego... un segundo ataque, más severo... no pudieron hacer nada. Santi recién aterrizaba en Fráncfort cuando se lo dijimos. Ahora está en casa de su madre. Él... te necesita.

Javier cerró los ojos un momento, procesando la noticia. La imagen de Luisa, fuerte y resiliente, era difícil de asociar con una pérdida tan repentina. Pero sabía que no había tiempo que perder.

—Voy para allá.

La casa de Luisa estaba en calma, como si aún no hubiera recibido la noticia. Javier aparcó frente a la entrada y respiró hondo antes de tocar el timbre. Santi fue quien abrió la puerta. Su rostro estaba marcado por el cansancio y el dolor, pero también había en él una expresión serena.

—Gracias por venir, Javier. Pasa.

Era la primera vez que Javier cruzaba el umbral de aquella casa. Las paredes estaban decoradas con fotos familiares, algunas de Santi de niño, otras más recientes de Luisa en diferentes etapas de su vida. La presencia de ella llenaba cada rincón.

Se sentaron en el salón, donde una taza de infusión humeaba sobre la mesa de centro. Santi rompió el silencio.

—Fue tan rápido, Javier. No lo vi venir. Pensaba que era solo una revisión rutinaria.

Javier asintió, dejándole espacio para hablar.

—Me llamaron mientras estaba en Alemania. Miguel me dio la noticia en cuanto bajé del avión. Creo que nunca había sentido algo tan... devastador.

Santi hizo una pausa, apretando las manos juntas como si tratara de encontrar las palabras adecuadas.

—Pero también... hay algo de paz en todo esto. Si esto hubiera pasado hace unos meses, antes de reconciliarnos, no sé cómo lo habría manejado. Pero ahora..., al menos, puedo decir que nos despedimos en buenos términos. Que ambos dijimos lo que teníamos que decir.

Javier lo observó, notando cómo la tristeza de Santi comenzaba a dar paso a una reflexión más profunda.

—Eso es importante, Santi. Lo que compartiste con tu madre en esos últimos meses es un regalo. A veces, el dolor nos ciega ante esos detalles, pero lo que hicisteis juntos fue construir un cierre, una reconciliación que no todos tienen la oportunidad de lograr.

Santi asintió despacio.

—Lo sé. Y, aunque esto duele mucho, y pese a que a veces parece que no es verdad lo que estoy viviendo y que en cualquier momento voy a despertar de una pesadilla, al mismo tiempo, cuando me hago consciente de que lo ha pasado, siento una profunda paz interior. Conseguimos recuperar la conexión, que llevaba años no perdida, pero sí oculta entre reproches, prejuicios y culpas. Me ayudaste a ver que nuestro vínculo no estaba roto, solo escondido tras nuestras propias heridas. Lo que más me reconforta es pensar que, en cuanto a nuestra relación, creo que se fue en paz.

Javier habló con suavidad, escogiendo cada palabra con cuidado.

—El proceso que pasaste con ella no solo te ayudó a sanar esa relación, sino que también te preparó para este momento. La madurez y la serenidad con la que estás enfrentando esto son prueba de lo lejos que has llegado, Santi. El amor que compartisteis en sus últimos encuentros es algo que siempre podrás llevar contigo.

Santi miró una foto en la mesa, de su madre sonriendo en el jardín trasero.

—¿Sabes? Me doy cuenta de que nunca habría llegado aquí si no hubiéramos trabajado juntos. Me ayudaste a enfrentar mis miedos, a abrirme a ella y a valorar el tiempo que nos quedaba. Ahora siento que, aunque la tristeza es enorme, también tengo algo que agradecer.

Javier sonrió con calidez.

—El mérito es tuyo, Santi. Tomaste decisiones valientes y trabajaste para sanar esa relación. Lo que hiciste con tu madre fue un acto de amor y coraje.

Hubo un momento de silencio, pero no era un silencio vacío. Era un espacio lleno de significado, donde las emociones encontraban su lugar y las palabras ya no eran necesarias. Al final, Santi se levantó y extendió una mano hacia Javier.

—Gracias por estar aquí. Y gracias por ayudarme a ver las cosas desde otra perspectiva. No sé qué habría hecho sin tu apoyo.

Javier estrechó su mano con firmeza y sonrió.

—Siempre estaré aquí para ti, Santi. Hoy, y cuando lo necesites.

Mientras salía de la casa, Javier sintió una mezcla de emociones. La pérdida de Luisa era dolorosa, pero también había algo hermoso en la forma en que Santi estaba manejando el duelo. Había madurado, había encontrado fortaleza en su vulnerabilidad, y eso llenaba de orgullo a Javier.

El aire fresco de la calle le alcanzó con claridad. Mientras caminaba hacia su coche, pensó que, en medio de la tristeza, también había espacio para la gratitud. Santi había enfrentado uno de los momentos más difíciles de su vida, pero no lo había hecho solo. Y eso, pensó Javier, también representaba el poder del acompañamiento.

VIVIR EN EL PROPÓSITO

La sala de juntas tenía un aire solemne, casi reverente. Los miembros del comité de dirección y otras figuras clave de la empresa se encontraban sentados alrededor de la gran mesa ovalada. La luz del mediodía atravesaba los ventanales, proyectando sombras sobre las paredes decoradas con fotografías de plantas industriales y momentos importantes de la historia de la compañía.

Santi permanecía de pie en uno de los extremos, sosteniendo un vaso de agua. Vestía un traje oscuro, acorde con los días de luto, pero su mirada transmitía una mezcla de serenidad y determinación. Javier estaba entre los presentes, observando con atención a su cliente.

Santi carraspeó ligeramente antes de empezar a hablar. La sala se sumergió en un silencio absoluto.

—Gracias a todos por estar aquí —comenzó, su voz firme pero cargada de emoción—. No puedo empezar esta reunión sin mencionar lo difícil que han sido estos días para mí y para muchos de los que conocieron a mi madre.

Hizo una pausa, dejando que sus palabras calaran.

—Luisa era muchas cosas: madre, líder, mentora... pero, sobre todo, era una mujer profundamente coherente. Su temperamento, que tantos de nosotros conocemos bien, no era más que la expresión de su compromiso con aquello que ella consideraba esencial: los valores. En cada decisión que tomó, en cada conversación difícil, su propósito era claro: construir una empresa que no solo buscara metas, sino que viviera según sus principios.

Santi dejó el vaso sobre la mesa, avanzando un par de pasos hacia el centro de la sala. Sus palabras ganaban intensidad.

—Cuando hablamos de propósito, muchos lo confundimos con metas. Creemos que es un destino, algo que logramos al final del camino. Pero mi madre me enseñó que no es así. El propósito no es un lugar al que llegamos; es el «cómo» vivimos mientras caminamos hacia nuestras metas. Es el cómo enfrentamos las dificultades, cómo nos tratamos entre nosotros, cómo respondemos cuando las cosas no salen como esperábamos.

Se detuvo un instante, mirando a cada uno de los presentes a los ojos, como si quisiera asegurarse de que lo comprendían.

—Victor Frankl[10] escribió que «a un hombre se le puede arrebatar todo salvo una cosa: la última de las libertades humanas, la elección de la actitud personal ante un conjunto de circunstancias para decidir su propio camino». Y eso es algo que todos debemos recordar, en especial en los momentos más duros. Porque el propósito no desaparece cuando hay dificultades. Al contrario, es en esos momentos cuando más debemos vivirlo.

Algunos asintieron con discreción. Roberto, el director de operaciones, cruzó los brazos, pensativo.

—Hoy, como su hijo, me siento más comprometido que nunca con ese propósito. No será fácil, lo sé. Habrá decisiones difíciles, momentos de duda, y quizás incluso conflictos que afrontar. Pero, si algo me ha quedado pensando en quién era mi madre, es que su mayor legado no son los logros empresariales, que han sido muchos. Su legado, el verdadero, es el mensaje del tipo de empresa en el que debemos vivir. Será el impacto que dejemos en las personas que forman esta empresa y en las vidas que tocamos a través de nuestro trabajo.

Santi volvió a tomar el vaso de agua, pero no bebió. Solo lo sostuvo, como si le ayudara a sostener también sus emociones.

10. Frankl, Viktor E. *El hombre en busca de sentido*. Ed. Herder (2009).

—Como director, mi objetivo es que cada uno de nosotros, y en especial quienes tenemos mayor responsabilidad, vivamos en el propósito. Que nuestras acciones sean coherentes con lo que queremos construir, no solo como empresa, sino como comunidad. Este no es un compromiso unilateral; es un compromiso colectivo. Quiero invitaros a que, juntos, hagamos de este lugar un espacio donde cada día se reflejen esos valores. Y que, cuando enfrentemos problemas, lo hagamos de una manera que ese propósito deje huella.

La sala permaneció en silencio. No era incómodo, sino más bien profundo, cargado de significado. Santi sonrió con suavidad.

—Esto es lo que quería compartir con vosotros. Y es lo que creo que mi madre habría querido que recordáramos. No somos perfectos, y no siempre lo haremos bien. Pero si cada día elegimos actuar desde el propósito, estaremos honrando el legado de esta empresa y de quienes han construido lo que hoy tenemos. Muchas gracias.

Cuando terminó, hubo un momento de pausa antes de que los presentes comenzaran a aplaudir. No fue un aplauso ruidoso, sino un reconocimiento sincero y sentido. Javier observó a Santi, impresionado por la transformación que veía en él. Había pasado de ser un hombre reservado a alguien que ahora inspiraba y guiaba a otros.

Minutos después, mientras algunos se retiraban de la sala, Javier se cruzó con Roberto en el pasillo. El director de operaciones tenía el ceño fruncido, pero no de preocupación, sino de una profunda reflexión.

—Es impresionante —comentó Roberto.

Javier solo asintió. Y Roberto continuó:

—Es obvio que Santi estaba madurando y creciendo, pero esto... esto es diferente. Hoy nos ha mostrado algo más grande. Nos ha enseñado a ver más allá.

Javier sonrió, reconociendo en las palabras de Roberto la confirmación de lo que él mismo había percibido.

—Eso es «vivir en el propósito», Roberto. No se trata solo de dirigir, sino de inspirar a otros a enfrentar cada desafío desde sus valores más profundos.

Roberto lo miró, ahora con una leve sonrisa.

—Quizás sea hora de que también nosotros pensemos en cómo vivimos ese propósito en nuestro día a día. Santi tiene razón: es fácil perderse en las metas. Pero el verdadero liderazgo es lo que hacemos mientras trabajamos para alcanzarlas.

Javier asintió, satisfecho.

—Parece que Santi está dejando huella.

Ambos continuaron caminando por el pasillo, cada uno inmerso en sus pensamientos, pero con una certeza compartida: algo había cambiado en la empresa, y ese cambio venía desde lo más profundo de su propósito.

LA DESPEDIDA

Pasaron las semanas, y la organización crecía en el estado de ánimo que había calado tras el discurso de Santi y los últimos acontecimientos.

Una mañana, una vez más, Santi había convocado a su equipo directivo para compartir algunos cambios estratégicos y reforzar el compromiso colectivo. Javier, como siempre, se había mantenido al margen, observando desde una esquina, atento a cada gesto y palabra.

Para todos los asistentes, aquella figura externa que generaba tanta incomodidad inicial, era un elemento más de la reunión tantos meses después, tan habitual como cualquier otro asistente. Se les haría más extraña su ausencia que su presencia.

Desde aquellos inicios, era evidente que muchas cosas habían cambiado. Santi no solo coordinaba la reunión; la inspiraba. Sus palabras eran firmes, pero también cercanas. Miraba a cada uno de los presentes a los ojos, implicándolos en cada idea que exponía. Ese día, cuando terminó de hablar, el silencio que llenó la sala no era de incomodidad, sino de reflexión. Poco después, los comentarios y propuestas comenzaron a fluir, y Javier no pudo evitar sonreír. Santi no era solo el director general de la empresa. Ahora también era su líder.

Al terminar la reunión, mientras el equipo se dispersaba con energía renovada, Santi se acercó a Javier. Su rostro reflejaba una mezcla de nerviosismo y nostalgia. Sabía que aquel día marcaba algo importante, aunque no esperaba ser él quien propusiera el cierre de esa etapa.

—Santi, ¿hablamos?

Santi asintió y se dirigieron al despacho del director. Una vez dentro, el joven cerró la puerta con suavidad y se quedó de pie, como si estuviera esperando lo que no quería escuchar.

—He estado pensando mucho en lo que hemos trabajado juntos, en cómo llegué aquí y en todo lo que has logrado. —Javier fue quien tomó la iniciativa, hablando con calma y determinación—. Creo que es el momento de que sigas adelante por tu cuenta, Santi.

Santi sintió que le temblaban las piernas al escuchar esas palabras. Había algo en el tono sereno de Javier que lo desarmaba, pero también lo empujaba a aceptar lo inevitable. Javier añadió:

—Este es el objetivo de todo *coach* en este tipo de acompañamientos: ayudar a que la persona encuentre sus alas y pueda volar sola.

Santi sonrió con cierta timidez, como si el reconocimiento le resultara aún algo extraño. No tardó en reconocer la coherencia de las palabras del *coach*.

—La verdad es que, si me observo desde el inicio hasta ahora, casi diría que soy otra persona. Cuando te conocí, en aquella primera conversación en la taberna irlandesa, ¿la recuerdas? Estaba perdido, dudaba de todo... sobre todo de mí mismo. Pero ahora siento que puedo manejar lo que venga, incluso si hay días difíciles. Y eso te lo debo a ti.

Javier negó suavemente con la cabeza.

—No me lo debes, Santi. Todo lo que has logrado ha sido gracias a ti. Yo solo te ayudé a encender una luz que ya tenías dentro. Nada más.

Hubo un momento de silencio cómplice entre ambos. Al final, Santi se sentó y gesticuló hacia el sillón frente a su escritorio, invitando a Javier a hacer lo mismo.

—Aun así, quiero agradecerte, Javier. Por estar cuando más lo necesitaba, por desafiarme a mirar dentro de mí mismo y por creer en mí incluso cuando yo no lo hacía. Tu apoyo ha sido crucial. Me has mostrado que esto va mucho más allá de tomar decisiones. Incluye construir relaciones y cuidar de las personas, afrontar conflictos complejos y, en resumen, superar las barreras que uno va encontrando en el camino.

Javier sintió un nudo en la garganta. En ese momento recordó la figura de Luisa, a buen seguro orgullosa de su hijo desde el cielo, y por fin dedicando una mirada más dulce, no tan inquisitoria, a lo mejor también de agradecimiento, a aquel tipo de profesión tan extraña con nombre en inglés.

Había trabajado con muchos líderes a lo largo de su carrera, pero pocos le habían conmovido tanto como como la experiencia con Santi.

—Gracias por tus palabras, Santi. Pero también quiero que sepas algo: tú me has enseñado mucho. Tu capacidad para transformar la incertidumbre en acción, tu valentía para enfrentar tus miedos y, sobre todo, tu humanidad, me han inspirado. Ha sido un privilegio acompañarte en este camino.

Santi inclinó la cabeza, asimilando esas palabras. Hablaban de algo más que una relación profesional; hablaban de respeto mutuo y de crecimiento compartido.

—Voy a echarte de menos, Javier. Pero sé que esto es lo correcto. Necesito demostrarme que puedo seguir adelante por mí mismo.

Javier asintió, sonriendo.

—Y lo harás, Santi. Tienes todo lo que necesitas para ser un gran líder. Solo recuerda algo: nunca dejes de aprender y de escuchar. No importa lo alto que llegues, siempre hay algo nuevo que descubrir.

Ambos se pusieron de pie y Santi extendió la mano. Javier la estrechó con firmeza, pero antes de soltarla, Santi dio un paso adelante y lo abrazó. Fue un gesto sincero, lleno de gratitud.

—Gracias, Javier. Por todo.

—Gracias a ti, Santi. Por confiar en mí.

Cuando Javier salió del despacho, sintió una mezcla de emociones. Había algo de tristeza, pero también una profunda satisfacción. Sabía que su trabajo allí había concluido.

En el aparcamiento, arrancó el coche y comenzó a conducir de regreso a casa. El trayecto era largo y el silencio del habitáculo le permitió reflexionar. Pensó en Santi, en su evolución, en las conversaciones que habían tenido y en los obstáculos que había superado. Pensó también en Luisa, en su fuerza, en su firmeza, y en cómo había sabido abrirse para apoyar a su hijo.

Mientras las imágenes de esos momentos pasaban por su mente, Javier sintió una profunda gratitud. No todos los días se encontraba con personas tan dispuestas a crecer y a desafiarse a sí mismas. Al final, ser *coach* no era solo guiar a otros, también era un aprendizaje constante, una forma de crecer con cada historia compartida.

Miró por el retrovisor y sonrió. Sabía que Santi ya no estaría mirando por la ventana. Estaría ocupándose con profesionalidad y humanidad del siguiente asunto que afrontar.

Estaba listo. Había encontrado su propia voz, su propia fuerza.

Y eso es todo lo que un *coach* podía desear.

Con el corazón ligero y el alma llena de orgullo, Javier aceleró un poco más, sintiendo que el camino, como siempre, lo llevaba hacia el calor del hogar y a nuevas historias por descubrir.

LAS CINCO DIMENSIONES DEL LIDERAZGO INSPIRADOR

El liderazgo inspirador no es un concepto abstracto ni un privilegio reservado a unos pocos. Se manifiesta en la realidad cotidiana de quienes asumen la responsabilidad de guiar equipos y organizaciones hacia un futuro mejor. Para que un liderazgo trascienda, debe sustentarse en cinco dimensiones esenciales. Cada una de ellas actúa como un pilar que sostiene la capacidad de influir y generar impacto.

1. La brújula: orientar con visión estratégica

Toda organización necesita dirección, y es el liderazgo quien tiene la responsabilidad de definirla. La brújula representa esa capacidad de trazar un rumbo claro, inspirador y compartido. ¿Hacia dónde vamos? ¿Quiénes queremos ser? ¿Cuál es la aspiración que nos moviliza? La persona que lidera debe formular estas preguntas y construir respuestas que sean un faro para el equipo. Una visión estratégica no es solo un plan; es la energía que alinea voluntades y motiva a la acción. Un equipo sin dirección es como un barco a la deriva. Con una brújula bien calibrada, cada persona encuentra sentido en su trabajo y claridad en su propósito.

2. El ejemplo: liderar con coherencia

No hay mayor herramienta de liderazgo que la propia conducta. La coherencia entre lo que se dice y lo que se hace define la credibilidad. Un líder que exige compromiso debe ser el primero en demostrarlo; quien predica la mejora continua debe asumirla como una práctica personal.

La inspiración surge cuando el equipo observa que su referente encarna los valores que promueve. Las preguntas son inevitables: ¿creen en ti? ¿Eres el tipo de líder que seguirías? Si la respuesta es afirmativa, entonces el liderazgo se convierte en una fuente de confianza y respeto.

3. El crecimiento: impulsar el desarrollo de los demás

El verdadero liderazgo no se mide solo por la evolución personal, sino por la capacidad de generar crecimiento en los demás. Un equipo que percibe que su entorno es un espacio de desarrollo profesional y humano se compromete y permanece. La persona que lidera no solo señala metas, sino que también acompaña, desafía y respalda. ¿Acompañamos? ¿Ofrecemos las oportunidades y el soporte necesario para que cada persona avance hacia su mejor versión? La clave está en crear entornos donde el talento se expanda y la mejora sea una constante.

4. La excelencia operativa: garantizar resultados

El liderazgo inspirador no se sostiene sin resultados. La excelencia operativa es la dimensión que convierte la visión en hechos. Se espera que quien lidera cumpla con sus responsabilidades y asegure el cumplimiento de los compromisos adquiridos. No hay espacio para la improvisación cuando la credibilidad está en juego. Un liderazgo sin resultados es una promesa vacía. La pregunta es clara: ¿lo logramos? Solo cuando se alcanza la excelencia en la ejecución, las demás dimensiones encuentran su razón de ser.

5. La simbiosis sistémica: construir colaboración

El liderazgo no puede ser una isla. En un mundo hiperconectado, la capacidad de generar valor más allá de la propia área de responsabilidad es un diferenciador clave. La simbiosis sistémica es la habilidad de interactuar con otras partes de la organización para construir soluciones conjuntas y enriquecer el ecosistema empresarial. ¿Impactamos positivamente en quienes nos rodean? ¿Facilitamos el trabajo de nuestros pares? La colaboración lateral y el aporte al sistema en su conjunto son indicadores de un liderazgo que deja huella.

Estas cinco dimensiones son el fundamento del liderazgo inspirador. Sin brújula, no hay dirección. Sin ejemplo, no hay credibilidad. Sin crecimiento, no hay evolución. Sin excelencia operativa, no hay resultados. Sin simbiosis sistémica, no hay impacto organizacional.

Liderar es un ejercicio constante de mejora y compromiso. El programa CRECE es el espacio donde se trabajan específicamente estas cinco dimensiones, ayudando a construir un liderazgo realmente inspirador.

Las cinco dimensiones del liderazgo inspirador

Brújula	Ejemplo	Crecimiento	Resultados	Simbiosis
¿Dónde vamos?	¿Creen en ti?	¿Acompañamos?	¿Logramos?	¿Impactas?

EL PROGRAMA CRECE

Como ya explicábamos en el prefacio, este libro resume mis dos principales labores profesionales: la de acompañar a personas directivas en el desarrollo de su función y hacia la consecución de objetivos concretos, y, por otro lado, la ejecución del programa CRECE, un proyecto de capacitación que nació hace ya casi diez años, y a través del cual hemos acompañado a equipos directivos, mandos intermedios, responsables, y un gran número de profesionales de alto potencial, que han estado dispuestos a salir de su zona de confort y adentrarse en el complejo e increíble mundo de la transformación.

CRECE responde a una metodología estructurada de desarrollo del liderazgo diseñada para cultivar hábitos sólidos, potenciar competencias clave y acelerar tanto el crecimiento individual como el del equipo. Su enfoque integral abarca todas las dimensiones esenciales de la persona: propósito, equilibrio de vida, relaciones personales y profesionales, productividad, habilidades de liderazgo y metodologías de trabajo ágiles y eficaces.

Está dirigido a personas que desean impulsar su transformación y a asumir un rol activo tanto en su propio desarrollo como en el de las organizaciones a las que profesionalmente pertenecen.

A lo largo de los meses que comprende el programa (o cualquier acompañamiento en un proceso individual), sus participantes cuentan con el acompañamiento cercano del equipo Plus, quienes los guían en un proceso de aprendizaje estructurado, práctico y profundamente impactante en sus vidas.

Resumidos en cuatro puntos clave, la experiencia de cada participante se resume en las siglas GROW:

Goal (Objetivo): el primer paso es claro: identificar los desafíos que la persona enfrenta como líder, tanto a nivel personal como corporativo. Estos desafíos se convierten en el faro que guiará todo su recorrido en el programa, pues marcará el foco y el destino hacia los cuales orientará su esfuerzo.

Reality (Realidad): una vez definidos los objetivos, llega el momento de evaluar el punto de partida. Aquí se realiza un diagnóstico profundo y honesto del presente y del pasado, para identificar las barreras actuales y las palancas de cambio que facilitarán la transformación. Esta fase implica reconocer con claridad los puntos de dolor y las fortalezas sobre las que se puede construir el camino hacia el éxito.

Options (Opciones): el viaje heroico comienza con una decisión. Romper con las excusas y las justificaciones, y abrazar la incomodidad que viene con el crecimiento. Aquí, la clave es dar el primer paso hacia lo desconocido, superando los límites de lo conocido y adentrándose en territorios de aprendizaje y autodescubrimiento.

Way (Camino): el compromiso con el cambio es el motor que impulsa el viaje. Una vez tomada la decisión, comienza la verdadera transformación. Cada participante, desde su vértigo o con una acción decidida, recorre el camino de la construcción del hábito y la evolución personal, en un proceso continuo de aprendizaje que se comparte y se vive junto con el resto del grupo. La senda es compleja, pero llena de pasión y constante descubrimiento.

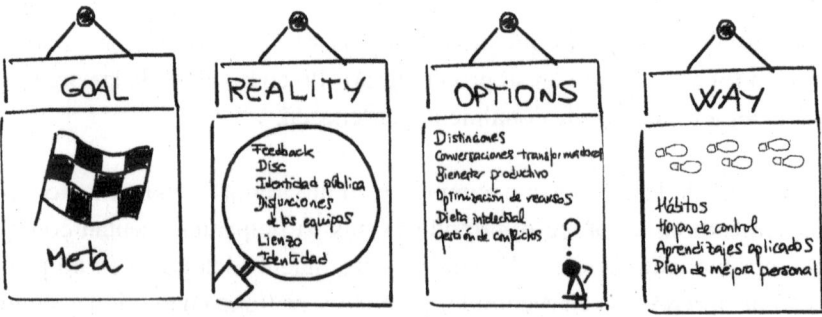

La transformación personal es más que un deseo: es una fuerza poderosa capaz de generar cambios profundos en quien decide abrazarla. Y, a veces, la transformación también puede doler.

Desde hace más de quince años, acompañamos a un gran número de líderes en este tipo de procesos, reconociendo que no hay mayor fuente de inspiración que el compromiso con el propio crecimiento. Porque, cuando alguien que lidera se transforma, no solo cambia su vida, sino que también impacta con gran profundidad en su entorno, inspirando a los demás desde su propio ejemplo. En este viaje, el poder de la transformación no reside solo en lo que logras, sino en lo que te conviertes a lo largo del camino. Sin duda, ese es el verdadero propósito: evolucionar de forma constante y, en el proceso, transformar no solo tu futuro, sino el de aquellos que te rodean.

AGRADECIMIENTOS

Este libro es el reflejo de una travesía compartida con tantas personas que, si me pusiera a nombrarlas a todas, necesitaría escribir otro libro. En este viaje, cada día se comparten retos, caídas, aprendizajes, y mucha pasión, con grandes personas que me siguen concediendo el regalo de su confianza, inquietudes y retos.

La mirada a cualquier segmento de perfiles es una mirada de agradecimiento: equipo Plus, colaboradores, participantes del programa CRECE, acompañamientos individuales y de equipo, alumnado de tantas y tantas horas de formación..., es el recorrido de una ya larga trayectoria profesional.

Gracias a todos y a todas. Sois la razón de que este libro pueda existir.

Al mismo tiempo, necesito nombrar y dar las gracias de manera explícita a algunas personas, concentradas en ocho agradecimientos. No dormiría tranquilo si no lo hago. Vuestro impacto en mí es tan generoso y valioso, que quiero y hasta necesito hacerlo.

Gracias Susana, eres el impulso de cada día. El proyecto de vida. La razón de querer ser mejor persona, y la voz de mi conciencia.

Gracias a mis padres, Marita y Antonio. Guía. Valores. Coherencia. Amor.

Gracias a mis hijos Carlos, Susana, Claudia y Antonio. Sois mi parte vulnerable. Donde aparece toda mi humanidad. Vivid intensamente el regalo de la vida.

Gracias, Vicente Sánchez Medina. De cliente a amigo. Cuánto me haces crecer en cada conversación, y cómo aparece de forma continua ese rincón en el que aún no había mirado.

Gracias Rocío Ruiz Aragoneses, José María Ruiz, Miguel Jiménez... y todo el equipo de Gastronomía José María, donde las conversaciones siempre empiezan por los valores.

Gracias, Antonio Vázquez Vega. Mi mentor, la persona que despertó en mí la pasión por las personas, y la importancia de la coherencia personal.

Gracias, Jorge Peláez de Castro. El reto continuo, que me hace vivir de forma incesante en la zona más incómoda de mi labor. El CEO que desafía y te hace dueño de tu destino.

Gracias, equipo Plus. A todos, y en especial a Borja y Ale. Por ser parte protagonista de esta loca idea que nació de una conversación con Susana, vino y queso, y que hoy tiene su pequeño gran lugar en este mundo de empresas y personas.

Este libro es una pequeña muestra de todo lo que he aprendido gracias a vosotros y vosotras. Gracias por ser parte de este proceso y por permitirme compartirlo con el mundo.

Y recordad las palabras de San Ignacio de Loyola, tengas fe o no la tengas, porque sé que no es necesario para entenderlas: «Que cuando san Pedro te abra la puerta del cielo, Dios no tenga que preguntar: "¿Y este quién *es*?"».

BIBLIOGRAFÍA RECOMENDADA

Tanto el programa CRECE como los acompañamientos individuales implican que la persona que afronta su proceso de transformación trabaje también su «dieta intelectual». Alimentarse de la misma es necesario para ampliar perspectivas, fortalecer el pensamiento crítico y consolidar aprendizajes.

Recomendamos unos imprescindibles: lecturas en las que me he apoyado en la redacción del libro, y que recomiendo con viveza por su aporte de conocimiento y reflexión.

Allen, D. (2015). *Organízate con eficacia: El arte de la productividad sin estrés*. Barcelona. Ed. Empresa Activa.

Balke, Robert R. (1990). *Trabajo en equipo: qué es y cómo se hace*. Barcelona. Deusto.

Barrow, Simon y Mosley, Richard. (2007). *El cliente más exigente: tu equipo*. Barcelona. Gestión 2000.

Blair, Tony. (2024). *Sobre liderazgo*. Barcelona. Profit Editorial.

Brown, Brené. (2016). *El poder de ser vulnerable: ¿Qué te atreverías a hacer si el miedo no te paralizara?* Barcelona. Ed. Urano.

Campbell, Susan. (1990). *Cómo resolver las discrepancias en el trabajo y en la vida diaria*. Bilbao. Deusto.

Carnegie, Dale. (2023). *Cómo ganar amigos e influir sobre las personas*. Barcelona. Elipse Editorial.

Covey, Stephen R. (2023). *Los 7 hábitos de la gente altamente efectiva*. Barcelona. Ed. Paidós.

Cubeiro, Juan Carlos. (2001). *El bosque del líder: la sensación de fluidez*. Madrid. Prentice Hall.

Daltell, Jordi López. (2011). *Hacer piña: gente corriente, resultados extraordinarios*. Barcelona. Empresa Activa

Doerr, J. (2019). *Mide lo que importa: Cómo Google, Bono y la Fundación Gates cambian el mundo con OKR*. Barcelona. Conecta.

Dyer, Wayne W. (2014). *Tus zonas erróneas*. Barcelona. Ed. Grijalbo.

Flores, F. (1994). *Creando organizaciones para el futuro*. Palma de Mallorca. Dolmen Ediciones.

Frankl, Viktor. (2015). *El hombre en busca de sentido*. Barcelona. Ed. Herder.

Fritzen, S. J. (2002). *La ventana de Johari: Ejercicios de dinámica de grupo, relaciones humanas y sensibilización*. Camargo (Cantabria). Ed. Sal Terrae.

Ginebra, Gabriel. (2012). *Gestión de incompetentes*. Barcelona. Libros de Cabecera.

Goleman, Daniel. (1996). *Inteligencia emocional*. Barcelona. Ed. Kairós.

Heisenberg, W. (1985). *La imagen de la naturaleza en la física actual*. Barcelona. Orbis.

Iacocca, L. (1985). *Iacocca: Autobiografía de un triunfador*. Barcelona. Ed. Grijalbo.

Kahler, T. (2008). *The Process Therapy Model: The Six Personality Types with Adaptations*. Illinois. Editorial Taibi Kahler Associates, Inc.

Kaufmann, A. (2003). *Construir equipos de trabajo en la era de la conexión*. Madrid. Ed. Universidad de Alcalá de Henares.

Kofman, Fredy. (2010). *La empresa consciente*. Madrid. Ed. Aguilar.

Kotter, John. (2012.) *Leading Change*. Londres. Perseus Distribution.

Lencioni, Patrick. (2022). *Las cinco disfunciones de un equipo*. Barcelona. Ed. Empresa Activa.

Libert, Barry y Spector, Jon. (2008). *Nosotros es más inteligente que yo*. Barcelona. Gestión 2000.

Maxwell, John. (2019). *Las 17 leyes incuestionables del trabajo en equipo*. Madrid. Ed. Grupo Nelson.

Nelson, Bob y Lundin, Stephen C. (2010). *Ubuntu: una fábula sobre la filosofía africana del trabajo en equipo*. Barcelona. Alienta.

Osterwalder, Alexander, y Yves Pigneur. (2011). *Generación de modelos de negocio*. Barcelona. Ed. Deusto.

Pierce, Heather. (2025). *Redactar mejor*. Barcelona. Profit Editorial.

Piqueras, César. (2010). *Creer para ver: Una guía para el liderazgo personal*. Barcelona. Bresca Editorial.

Puig, Mario Alonso. (2012). *Madera de líder*. Barcelona. Empresa Activa.

Sinek, Simon. (2025). *Los líderes comen al final*. Barcelona. Ed. Empresa Activa.

Timothy Gallwey, W. (2025). *El juego interior del tenis*. Barcelona. Ed. Sirio.

Ury, William. (2011). *Obtenga el sí: El arte de negociar sin ceder*. Barcelona. Gestión 2000.

Wolk, Leonardo. (2007). *Coaching: el arte de soplar brasas en acción.* Buenos Aires. Gran Aldea Editores.